U0937012

珍藏本·增订本

纪念版

汉译世界学术名著丛书

政治经济学定义

〔英〕马尔萨斯 著

何新 译

商务印书馆
SINCE 1897 The Commercial Press

T. R. Malthus
DEFINITIONS IN POLITICAL ECONOMY
Kelley & Millman，New York　1954
本书根据纽约凯利与米尔曼出版公司 1954 年版译出

汉译世界学术名著丛书
（120 年纪念版·珍藏本）
增订本出版说明

2017 年 10 月，为纪念商务印书馆创立 120 周年，本馆推出“汉译世界学术名著丛书”（120 年纪念版·珍藏本），计七百种。近五六年来，仰赖学界同人倾力支持，订正旧译，增补新译，拓展新著，积累日多。为满足读者需要，本馆在七百种的基础上，继续推出“汉译世界学术名著丛书”（120 年纪念版·珍藏本·增订本）三百种。至此，“汉译世界学术名著丛书”累计出版已达千种。

今后，本馆将继续推进丛书的翻译出版工作，在积累单本名著的基础上陆续分辑刊行，汇印出版。为促进中外文明互鉴、推动我国学术发展，使“汉译世界学术名著丛书”这项对我国学术文化有基本建设意义的重大工程发挥更大作用，诚望海内外学术界、翻译界继续给予支持，帮助我们把这套丛书出得更好。

商务印书馆编辑部

2024 年 2 月

汉译世界学术名著丛书
（120 年纪念版·珍藏本）
出 版 说 明

2017 年 2 月 11 日，商务印书馆迎来 120 岁的生日。120 年前，商务印书馆前贤怀揣文化救国的理想，抱持“昌明教育，开启民智”的使命，立足本土，放眼寰宇，以出版为津梁，沟通中西，为中国、为世界提供最富智慧的思想文化成果。无论世事白云苍狗，潮流左右激荡，甚至战火硝烟弥漫，始终践行学术报国之志，无改初心。

逡译世界各国学术名著，即其一端。早在 20 世纪初年便出版《原富》《天演论》等影响至今的代表性著作，1950 年代后更致力于外国哲学和社会科学经典的译介，及至 1980 年代，辑为“汉译世界学术名著丛书”，汇涓为流，蔚为大观。丛书自 1981 年开始出版，历时三十余年，迄今已推出七百种，是我国现代出版史上规模最大、最为重要的学术翻译工程。

丛书所选之书，立场观点不囿于一派，学科领域不限于一门，皆为文明开启以来，各时代、各国家、各民族的思想与文化精粹，代表着人类已经到达过的精神境界。丛书系统译介世界学术经典，引领时代思想，为本土原创学术的发展提供丰富的文化滋养，为推动中国现代学术和现代化进程做出了突出的贡献。

为纪念商务印书馆成立120周年，我们整体推出“汉译世界学术名著丛书”120年纪念版的珍藏本，寄望既利于文化积累，又便于研读查考，同时向长期支持丛书出版的译者、编者和读者致以敬意。

两甲子后的今天，商务印书馆又站在了一个新的历史时间节点上。我们不仅要铭记先辈的身影和足迹，更须让我们的步伐充满新的时代精神。这是商务人代代相传的事业，更是与国家和民族的命运始终紧密相连的事业。我们责无旁贷，必须做好我们这代人的传承与创造，让我们的努力和成果不仅凝聚成民族文化的记忆，还能成为后来人可以接续的事业。唯此，才能不负前贤，无愧来者。

商务印书馆编辑部

2017年10月

目　　录

前　言

政治经济学家之间的意见分歧，最近已经成为人们经常抱怨的问题。我们必须承认，其中有一个主要原因是不同的著作家对于同样的名词用法各有不同。

本书的目的是唤起大家注意政治经济学研究中的一个障碍，这一障碍现在已经发展得相当大了。但如果我们仅是定下一些规则，说明定义应当怎样下，名词应当怎样用，并且根据这些规则来下定义，那么上述目的便无法达到。我们必须说明，某些最知名的政治经济学著作由于没有注意这一问题而产生了哪些困难，这样我们自然就要讨论分类方面的某些重要原则和重要问题。这些原则和问题最好是事先加以确定，以便作为正确地界说和运用名词的唯一基础。

本书进行讨论时所采用的方式和布局就是根据上述理由决定的。

第一章　政治经济学的定义与名词用法的规则

在数学定义中，虽然用字可能不同，但所要表达的意义却始终是一样的。比方我们对直线下定义时，可以说它是两极点之间的一条平线，也可以说它是两点之间最短的一条线。不论是用哪个定义，我们对于哪种线包括在内、哪些线不包括在内的问题是不可能有分歧意见的。

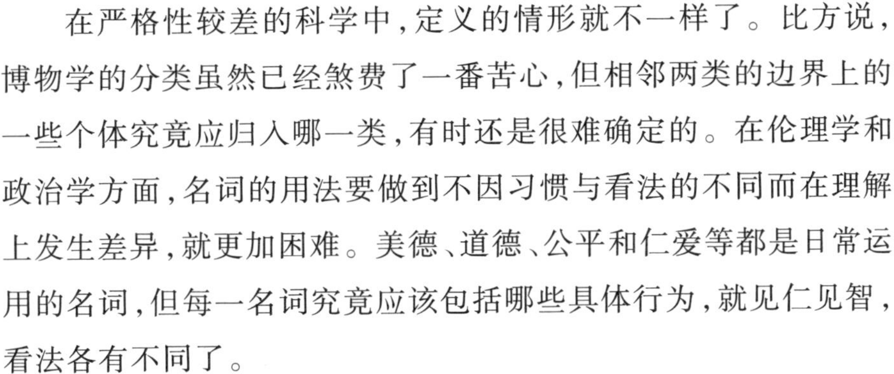

在严格性较差的科学中，定义的情形就不一样了。比方说，博物学的分类虽然已经煞费了一番苦心，但相邻两类的边界上的一些个体究竟应归入哪一类，有时还是很难确定的。在伦理学和政治学方面，名词的用法要做到不因习惯与看法的不同而在理解上发生差异，就更加困难。美德、道德、公平和仁爱等都是日常运用的名词，但每一名词究竟应该包括哪些具体行为，就见仁见智，看法各有不同了。

自由、公民自由、政治自由、立宪政府等名词的理解，也往往因人而异。

人们有时说，政治经济学接近于数学这种严格的科学。但我恐怕必须承认的是，它更接近于伦理学和政治学；最近人们的定义和理论又已经和亚当·斯密大异其趣，情形就更加如此了。

关于财富、资本、生产劳动或价值等名词究竟哪种定义最好，实际工资、劳动、利润等名词的含义究竟如何，“需求”一词究竟应当怎样理解[①]等，大家似乎仍然没有一致的看法。

为了解决这些分歧意见，有人提出应当确立一套更完整的新名词。像化学、植物学和某些其他科学，必须将许多不常用的东西加以描述和分类，以便使我们最易于记忆其最典型的特点；在这类科学中，确立新名词虽然有不便之处，但其作用是非常明显的，足以抵消这些不便之处而绰绰有余。但在伦理、政治和政治经济等学科中，名词比较少，而且在日常事务中也经常应用，一套完全新颖的名词是难望被人接受的。而且即使被接受了，它们对这些学科的促进作用也不会像林纳·拉瓦锡和古维叶等人在各自研究的科学中所用的名词那样大。

在这种情形下，我们最好是考虑一下，关于政治经济学用语的定义和用法方面，究竟有哪些最明显和最自然的规则可以作为我们的指南。我们应当牢记在心的目标，显然是要找出这样一种名词的定义和用法，以便使我们能够最明确而最方便地解释国富的影响因素与性质；主要应遵循的原则，也许大致上可以归为以下四条：

第一，当我们运用有教养的人普通谈话中的日常用语时，定义和用法就应当符合于这种日常用法中的含义。这种用法是字

① 这些名词的含义早就已经由亚当·斯密确定了，而且我也认为是非常接近于正确的，但最近却受到了怀疑并被人更改；这一点读者也许会认为奇怪，但事实却是如此。

义的最好的根据，也是更适宜于遵循的根据。

第二，如果需要做进一步的分辨，因而无法得到这种权威标准来进行核验时，那么第二种最好的根据便是本门学科中最著名的科学家，尤其是该学科公认的主要创始人的根据。在这种情形下，不论是随本门学科而出现的新名词，或是含有新意义的旧词，便都不会使一般读者感到奇异，也不会往往引起误解。

有人也许会说，我们如果像这样受到旧权威的束缚，就不能改进这门学科。这句话无疑是对的。而且当我们能清楚地证明某一改变是有利的，并确乎可以促使本门学科进展时，我绝无意让政治经济学家们“依样画葫芦”。但必须承认的是，在严格性较差的科学中，很少有定义能不遭到一些头头是道、甚至货真价实的反对意见。如果在旧名词不十分完整的地方，我们都决定用新名词代替，那么，我们就可能会使这门学科受到名词经常变换的严重不利而最终也并不能达到自己的目标。

但我们承认，变动有时是必要的。每当有这种必要时，应当遵从的自然法则似乎是：

第三，提出的修改不但要能消除直接对原用名词提出的反对意见，而且要证明能免除其他同等或更大的反对意见；整个说来，它在便利本门学科的解释和进展方面应当显然更为有用。改变本身永远是一种流弊，唯有在最广泛的意义上具有更优越的效用时才是有理由的。

第四，所采用的任何新定义，都必须和留用的旧定义相符合，而且同一名词的用法也应当始终一致，除非是积重难返的习惯已经确定了同一个字具有不同的意义；在后一种情形下，这字的用法如果不像通常的情况一样,可以从上下文看出来时,就应当特别加以说明。

我不禁认为,关于政治经济学定义的这些法则都必须承认显然是恰当而又合乎自然的。如果改变时不注意这些法则,我们就必然会妨害这门学科而不是促进这门学科的进展。

虽然这些法则看来这样明显而又合乎自然,以致让人认为几乎不可能加以忽视,但我们必须承认,政治经济学家忽视这些法则的事情却是司空见惯的。如果我们指出,最著名的著作家在自己的著作中有哪些地方是十分令人惊讶地背离了这些法则,那么这也许有助于说明这些法则有什么用处和意义,将来也可能引起人们更多地加以注意。

第二章 “法国经济学家”对财富的定义

重商学派的理论体系用错了哪些名词是不值一提的；但“法国经济学家”① 的体系却是科学的体系，而且要求的就是精确性。然而我们必须承认，“法国经济学家”关于财富的定义违反了科学家与一般人用字时所应遵循的首要和最明显的指导法则。财富是最常用的名词。所有的人谈到一个国家的财富时也许不能立即准确地说出他们的语义是什么，然而我们相信，凡是打算按一般的意义用这一名词的人都会同意，他们所指的并不限于该国的总农产原料或净农产原料。有一个十分确定的事实是：当两个国家的总农产原料和净农产原料都相等时，在优良的房屋、家具、衣服、车辆等许多其他公认的财富特征方面，却可能有极大的区别。比如在一个国家中，也许只有少数的大地主、工业家和商人才能具有这些；在另一个国家中具有这一切的地主的人数与前一国家不相上下或者较多，而工业家和商人的人数则远驾乎其上。这种区别在总农产原料、净农产原料或人口方面没有任何差别、而

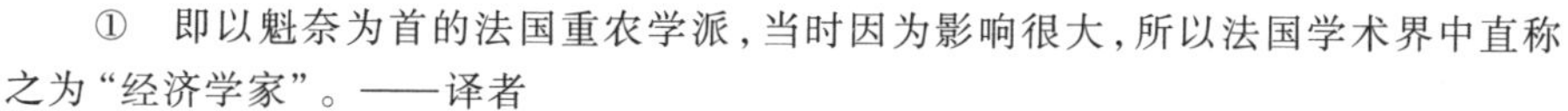

① 即以魁奈为首的法国重农学派，当时因为影响很大，所以法国学术界中直称之为“经济学家”。——译者

只是把游手好闲的扈从或仆役变成积极劳动的工匠与商人时就可能出现。因此，根据“经济学家”对这名词的用法来比较两国的财富时，其结果就会和按照社会上一般的用法来比较时完全不同。这一点大大地损害了“经济学家”著作的实用性。

第三章　论亚当·斯密对于名词的定义和用法

关于亚当·斯密在《国富论》一书中的名词与定义问题，我认为我们可以看到他背离上述规则的时候较少，而且程度也没有那样显著。比起往后许多见解根本不同的政治经济学家来，他更能始终如一地注意到一个首要目标，即按普通的含义用最明白易懂的方式解释国富的影响因素。他在这方面的缺点，倒不是经常犯人们常犯的错误，使名词的含义和社会上一般运用时不同，而是有时在定义方面不够精确，而且采用后又没有始终充分严格地遵守。

比方说，他对财富的定义就不够精确，而且也没有充分始终如一地遵守。但他用这一名词时，一般的含义无疑是指令人喜爱的、有用的和必需的物质产品，而且也不是自然界中取之不尽、用之不竭的物品。我个人完全相信，社会上最普遍的看法就是这种看法，在解释国富的影响因素时，这种看法也最为有用。

我认为他把商品所能支配的劳动当作其价值的尺度时，他并没有提出最确切不移的理由，而且也没有在每一个地方都非常明确地使人看清他所指的究竟是商品所能支配的劳动还是商品所包含的劳动。更常见的毛病是，他实际上没有能坚持运用自己所提出的尺度，而把它和商品所能支配的谷物量等同替换。其实这种谷物量作为价值的尺度而言，性质和劳动是根本不同的。纵使如此，我们还是必须承认，他对劳动和价值两词的用法一般还是和社会上的普遍看法相同。除开少数例外，他将劳动用作价值尺度的方式，也使这种尺度可以最广泛地运用于政治经济学的阐释。

有时有人反对亚当•斯密，说他对**生产性**一词的用法是新奇而不很恰当的。但我们如果研究一下这一名词在一般谈话与写作中的用法时，就必须承认：不论人们认为这个名词从语源上看来具有什么意义，其实际用法总几乎是指任何一种效果的起因。所以当我们说某某东西产生了最好的效果，另一些东西产生了最坏的效果，还有一些则不能或没有产生显著的效果时，意思是说：某些东西是造成最好效果的原因，另一些东西是造成最坏效果的原因，还有一些东西则没有成为显著效果的原因。这些效果当然可以根据上下文和所讨论的题目而运用于身体的健康、心灵的改进、社会的结构或国家的财富等。

亚当•斯密所研究的是国富的性质与影响因素。他把**财富**一词限于用在物质对象方面，并把人类劳动描述成财富的主要来源。这样他就清楚地看出，许多不同种类的劳动必须加以区别；他无法不看出，这些劳动，不论其效用如何，对于直接造成他从性质上加以研究的那种财富说来，效果是根本不同的。其中的一种他称之为**生产性劳动**，而另一种则被称为**非生产性劳动**；前者可以产生财富，后者不能。他知道如果要估量对财富的生产**间接**起作用的条件，就会引起无限的混乱，并推翻生产与消费之间的一切界限。因此他描述生产性劳动的方式，便使人确切无疑地看出，他所指的是完全直接用于生产财富的劳动，以致要用所生产的物质对象的量或价值来加以衡量。

因此，当他运用生产性和非生产性这两个名词时，他似乎并没有违背一般谈话和写作中的用法。据我看来，我们如果公正地充分考虑一下不区别各种劳动的后果，就必然会相信他所采用的名词对于其应用的目标来说是极为有用的，也就是说，这两个名词极有助于他明白而圆满地按照见解不同的人物赋予财富一词的一般意义来解释各国财富的影响因素。

亚当·斯密应用名词最失败的地方就是实际一词的用法。他一再明确地说明，商品的实际价值和名义价值是不同的，前者是它所能支配的劳动量，后者则是它的货币价值或任何其他特定商品所表现的价值。他一方面在这种意义上运用实际一词，但另一方面又在一种完全不同的意义上用它来说明工资。他说，劳动的实际工资是劳动者获得货币后所能支配的生活必需品和享用品。实际一词的这两种用法不可能同时是正确的，也不可能互相符合，这一点是必须承认的。如果劳动的价值随着它所能支配的生活必需品与享用品的量的变化而不断变化，那么把它当成实际价值的尺度便完全说不通了。如果它可以正式当成商品实际价值的尺度，那么一定量的某种劳动的平均价值，便丝毫也不能受到与之相交换的商品数量变化的影响，这是必然的结论。亚当·斯密在《国富论》第1卷，第5章中似乎充分地认识到了这一点。他在这一章中明确地说，与劳动交换的货物量如有变化，那么变化的便是货物而不是劳动。

因此，如果要纠正上述的错误，我们便显然必须放弃亚当·斯密对实际一词的两种用法中的任何一种。

如果这一个词在政治经济学中的用法一直和亚当·斯密当初的用法没有区别，那么它无疑就可以十分便利地继续用下去；实际价值一词也会十分合用而无须改用内在、积极、绝对或自然等词。然而实际一词在大部分著作家手中已经十分普遍地和工资连用，指的是劳动者获得工资后所能支配的生活资料与享用品的实际量，以示有别于名义工资或货币工资。这样一来，问题就不能那样轻易地解决了，我们就必须决定：在上述两种意义中，究竟抛弃哪一种较为合适。

如果遵循前述规则，我们大概会承认，将实际一词用于取得交换对象的手段时，更自然的意义是指支配生活必需品、享用品和奢侈品的能力，而不是指支配劳动的能力。按实际一词的最普通的用法来说，一定量的财富比一定量的劳动更加实际。如果我们由于这一原因而继续用实际一词来说明工资，那么亚当·斯密将实际一词和价值连用所说明的一切，便都必须用积极、绝对、内在或自然等词来说明。如果政治经济学家取得一致意见，凡在提到商品的价值而没有提到测定价值的特定物品时，都对有别于价格的价值一词赋予一种独特的意义，正好像凡是提到商品的价格而没有特别比照另一物品时一般指的便是货币价格一样，那当然就更好了。

但是，如果我们发现亚当·斯密最初和最常运用的含义下的实际一词已经通过习惯用法而牢牢地获得了这种意义，以致不易取代；同时如果我们认为价值一词的解释有时也需要这类修饰语；而在表达亚当·斯密的意义时，实际一词又比内在、积极、绝对或自然等词更为可取；那我们就不会反对让实际一词保持最初的意义，只是要注意，别用它来形容劳动工资，说明生活必需品、享受品和奢侈品等。在这种情形下，我们就不能说实际工资，而要说谷物工资、商品工资、生活资料工资等。但另一种改变显然更简单，因此我也认为更加可取。

第四章　萨伊先生对于效用一词的用法

如果要把大陆政治经济学家所用的主要定义通通加以研究，并参照前述明显规则考察他们运用名词的方式，那便会离题太远，而且过于冗繁重复。但萨伊先生的一部实至名归的著作中有一个极明显地背离这些原则的情况，我却不禁要提一提。这就是关于效用一词的用法。

看过萨伊先生那本书的人，都必须承认：第一，他对效用一词的用法和一般谈话中的用法根本不同，而且和政治经济学中公认的最高权威的用法也完全两样。他提出，有价值的东西总必须对某些人有用处。从这一原则出发，他非常奇怪地把效用和价值等同起来了，并认为商品的效用和它的价值成比例；然而普遍的习惯却是把有用的东西和单纯价格高的东西区别开来，并把预计能满足人类普遍公认的需求的东西和只能满足少数人特殊嗜好的东西区别开来。因此，他便违背了运用一名词时的首要和最明显的规则。

第二，他直接违反了政治经济学中最优秀作家的用法，特别是违反了亚当·斯密的权威意见；然而他自己也承认，亚当·斯密是这门学科的主要奠基人。关于这一问题，亚当·斯密把使用价值和交换价值对立起来，并且用钻石和水这样明显的例子说明其间的区别，这样他就极其明确地说明了他对这一问题的态度。因此，萨伊先生像那样应用效用一词时便不但违反了第一条规则，而且也违反了第二条明显的规则。

第三，对于通用的财富与价值两个旧名词，如果有任何反对意见存在，情形似乎也绝没有让我们有理由引用一个新名词。萨伊先生的目的似乎是要指明：生产的意义并不是指宇宙中新物质的生产。但我认为甚至连“经济学家”都没有这种看法。亚当·斯密对生产的定义也肯定完全排斥了这一点。他说：“有一种劳动可以使劳动对象增加价值。由于它产生价值，它就可以被称为生产性劳动。”① 这儿肯定没有创造新物质的问题。萨伊先生说，当物品处于其普通和自然的状态下时，它们的价值就是本身效用的尺度；而他在前面又曾肯定财富和价值成比例。② 像这样就使效用一词的含义与价值或财富的含义等同起来了。他采用这样一种名词，究竟打算得到什么好处，是很难理解的。

第四，习用意义下的用处和效用等名词是十分常用的名词，很难用其他名词代替；因此我们就极难只限于在萨伊先生所提出的新意义范围之内运用这两个名词，有时难免会像萨伊先生本人所做的那样，按它们的一般意义应用。但这样就必然会使政治经济学用语发生不肯定和含糊不清的情形。

---

① 《国富论》（*Wealth of Nations*）第6版，第2卷，第2编，第3章，第1页。

② 《政治经济学论文集》（*Traité d'Economie Politique*）第4版，第1卷，第1章，第2、4页。

李嘉图先生认为财富与价值两个名词是根本不同的两个名词，这种看法十分正确。萨伊先生在前面对这两个名词却很少或根本未加区别。接着他又采用了效用这一名词。在他的用法中，这一名词很难和上述两名词中的任何一个相区别。因此这一新名词是没有必要的。而且必须承认，在萨伊先生所提出的意义下运用这一名词，是违反一切科学中采用新名词的所有最明显的规则的。

第五章　论李嘉图先生对于名词的定义和用法

我们虽然不得不认为李嘉图先生力图确立的价值标准是不完整的，但我不禁认为他将财富与价值明显地划分开来，就是政治经济学中的一大贡献。大部分著作家也许都感到了这一区别的存在，但在他之前却没有人这样鲜明地指出来，并这样加以强调。他完全同意亚当·斯密关于财富的下述定义，即："每一个人的贫富程度要取决于他有多少财力享受生活必需品、享用品与奢侈品。"① 接着他又补充了一个我认为完全正确的说法。他说："因此，价值便和财富根本不同；因为价值不取决于生产是否丰富，而取决于生产的难易。"② 接着他又说："亚当·斯密对于财富做出了正确的描述，这一点我已经不止一次地提到过了。但他往后却对财富做了不同的解释。他说，一个人的贫富必然要看他的财力能购买多少劳动而定。这一说法和前一说法根本不同，而且肯定是不正确的。理由是这样：假定贵金属矿的出产更丰富，以致金银的价值由于生产更加便利而趋低落；或者说，天鹅绒的制

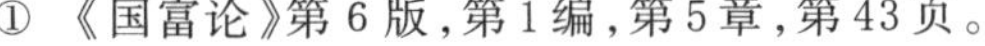

① 《国富论》第6版，第1编，第5章，第43页。

② 《政治经济学》(*Political Economy*)第3版，第20章，第320页。

造所需劳动大大减少，以致其价值降低一半；那么，购买这些商品的人的财富就会增加，有的人所拥有的银币会加多，有的人所购买的天鹅绒会增加一倍。但是增加了这些银币和天鹅绒之后，他们所能雇用的劳动还和从前一样。因为天鹅绒和银币的交换价值将会降低，购买一天的劳动所需支付的这两种财富也就会随之成比例地增加。因此，财富并不能以其所能购买的劳动量来衡量。"①

我完全同意李嘉图先生这些说法。如果财富所包含的是生活必需品、享用品和奢侈品，而等量劳动在不同时间和不同条件下所能生产的生活必需品、享用品和奢侈品的量又有很大差异，那么支配劳动的能力和支配生活必需品、享用品和奢侈品的能力便显然根本不同了。事实上前者是价值的说明，后者则是财富的说明。

李嘉图先生证明，亚当·斯密把财富和价值混同起来，纵使根据亚当·斯密本人对财富与价值的叙述来解释，也是完全不正确的，这一点他是完全办到了。然而李嘉图先生对价值的特殊看法原是他著作中最为突出的特色，他却在任何地方都没有能说明其正确性。

他所采用的并不只是这样一个说法，即他所谓的商品价值决定于其所包含的劳动量。他的说法实质上是另外一个命题，即商

① 《政治经济学》第3版，第20章，第326页。顺便指出，李嘉图先生在这儿把劳动当成价值的尺度时，并不是根据他自己的理论运用的，其含义正是我个人认为应当始终遵循的含义。他衡量银币与天鹅绒的交换价值时，所用的不是这两种商品内包含的劳动量，而是它们所能支配和使用的劳动量。

品互相交换时所根据的是各商品中所包含的体力劳动量，其中包括生产时所用的原料以及所消耗的工具和其他较直接地使用的物品中所包含的劳动量。[①]

这一命题和普遍的经验事实却不符合。我们只要略作观察就会相信，纵使根据要求酌量计入事物暂时偏离自然与正常过程的一切因素以后，服从这一交换法则的商品仍然是极其有限的，而不服从这一法则的品类中却包含着大量的商品。诚然，李嘉图先生自己也承认他的法则有相当多的例外。这些例外的品类，就是所用固定资本量不等、耐用程度不同、而所用流动资本的回收时期又彼此各别的商品。如果我们研究一下这些品类，就会发现其为数之多，使得该法则可以看成是例外，而例外倒成为法则了。

他虽承认有这些例外，但在运用自己的法则时，却好像是例外很少或根本没有例外一样。在估计工资的价值时，他特别是用其中所包含的人类劳动的量来衡量的。诚然，如果只看价值中的这一要素，那么工资的价值在耕种发展和土地改良的过程中便会有上涨的趋势。于是他就把富裕的国家中常出现的利润下降的现象归因于工资价值的上涨，并且实际上把整个这一理论（人们推崇为政治经济学中最高的成就）都建筑在工资价值涨落这一现象上。他说："我力图在整个这本书中证明，工资不跌落，利润率就无法上涨。"[②] 他又说："我们不厌其烦地一再强调，利润系于

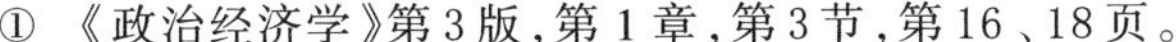

① 《政治经济学》第3版，第1章，第3节，第16、18页。

② 同上书，第7章，第137页。

工资，这里所指的不是名义工资而是实际工资；这不是每年付给劳动者的英镑数，而是取得这些英镑所需的工作日数。”[①]

因此，根据李嘉图先生的定义说来，实际工资要决定于劳动者作为劳动报酬而取得的物品中所包含的劳动量，这种物品不论是食物、衣服或货币都是一样。

李嘉图先生的利润理论所依据的实际工资，在这种说法下所获得的意义便非常奇特了，而且和任何科学中最明显的名词用法规则都肯定是矛盾的。

第一，在李嘉图先生之前，恐怕没有任何人在一般谈话中听到这名词有这样一种用法，即实际工资上涨之后，在一般情形下都会使劳动阶级及其家属的生活资料与享受品减少。然而根据李嘉图先生对于这一名词的用法来看，情形就会如此。他曾谈到在社会发展过程中地主和劳动者的地位如何不同，他说完地主阶级财富日益增加之后，接着便说：“劳动者的命运就没有这样幸运。他所获得的货币工资诚然会增加（货币在这儿被李嘉图先生用来衡量他所谓的实际工资），但他的谷物工资却会减少，并且不仅是他所能支配的谷物量会减少，他的一般生活状况也都会恶化。”当实际工资不断上涨时，“劳动者的生活状况会普遍恶化，而地主的生活状况则始终会日臻富裕”[②]。

第二，在李嘉图先生之前，我还没有看到过任何著作家在运用“工资”或“实际工资”一词时具有比例的含义。利润一词诚然

① 《政治经济学》第3版，第7章，第152页。

② 同上书，第5章，第98页。

包含着比例的意义在内，利润率也一向是正确地按垫支价值的百分比计算的。但工资的涨落却普遍都认为不是按照一定量劳动所取得的全部产品与工资的比例计算的，而是按劳动者所获得的任何一种具体产品的量计算的，也可以说是按这种产品使劳动者对于生活必需品与享用品所获得支配力的大小计算的。亚当·斯密尤其常用实际工资一词，而且始终是尽量按最自然的意义运用的。他所指的是生活必需品和享用品。这些物品根据一般语言和人们的感觉说来，确乎可以认为比货币或支付给劳动者的任何其他特定物品更实际。亚当·斯密和大多数其他政治经济学家对这一词儿既已经有了这种用法，新加上的解释便必然会显得更奇特和更没有必要了。

第三，已往运用这个词的含义是自然而又合用的，并没有反对意见存在，进行解释时也无需有新的释义。我们只要说利润决定于支付劳动工资的全部产品所占的比例，就可以清楚地说明劳动工资对利润的一切影响；这一比例不论其量的大小如何，都大可不必被称为劳动的实际工资；同时也用不着断言工资价值增长时利润就必然会成比例地降落。利润决定于支付劳动工资的全部产品所占比例这一命题，解释正确时便是正确的，而且也会普遍得到经验的证实。然而工资价值上涨时利润将成比例地降落这一命题，则除非是假定包含等量劳动的商品的价值永远相等，否则就不可能正确，这种假定大概在五百个例子里也难找到一个相符合的。其原因并不是偶然的和暂时的，而是事物状况的自然和必然的结果。这就是说，在文明进展和生产改良的过程中，所用固定资本有不断增长的趋势，同时流动资本的回收时期也会差别更大。因此，实际工资一词的新用法便肯定不会更有用而受人欢迎了。

第四，使用实际工资一词时所具有的新含义并没有始终贯彻，应用在旧的事实与看法上时也没有适当地估计到已做出的改变。当一些旧名词具有一种非常熟悉的含义而又在另一种完全不同的意义下应用时，这种现象几乎是不可避免的。李嘉图先生运用他准备作为实际工资尺度的人为货币一词时，这一点就尤其显著。他说："值得指出的是，据我所知，亚当·斯密以及他那一学派的一切著作家，全都一无例外地坚决认为劳动价格上涨后，一切商品的价格便都会一致随之上涨。我希望我已经证明这种看法是没有理由的。唯有所用固定资本比计算价格的媒介来得少的商品才会涨价，用量较多的其他一切商品在工资上涨时却反而都会跌价。相反地，当工资跌落时，唯有所用固定资本量比计算价格的媒介来得少的商品才会跌价，用量较多的其他一切商品都反而会涨价。"①

劳动工资涨落的这一切效果完全取决于一点，即工资须按李嘉图先生所想象的货币计算。按这种方式计算，而且也唯有按这种方式计算时，李嘉图先生的说法才会是正确的。但亚当·斯密本人以及李嘉图先生以前追随亚当·斯密的人，都从来没有想到用这种方式计算工资的价格。他们根据自己所见到的情形，按一般习惯方式计算工资，也就是按货币计算工资；这样一来他们所说的一切便是完全有理由的。亚当·斯密衡量商品的价值时是

① 《政治经济学》第3版，第1章，第6节，第45页。

以其所能支配的劳动量为标准的；至少根据亚当·斯密的看法来说，如果劳动的货币工资普遍上涨，货币的价值就会成比例地跌落；而在货币价值跌落时，李嘉图先生自己说，商品的价格永远会上涨。

因此，李嘉图先生和亚当·斯密在这方面的分歧，是由于李嘉图忘了他对劳动价格一词的用法和他所反对的那一命题中的用法不同。

李嘉图先生关于对外贸易效果方面还有一个非常惊人的命题说："对外贸易不论怎样发展，都不可能直接使一个国家的价值量增长。"同样的道理，这种说法也完全是由于他对价值一词的用法和前人根本不同而产生的。

如果进口商品的价值用出口换购的商品中所包含的劳动量计算，那么购回本国的商品不论是什么，其价值便的确无法增加。然而，如按已往一直使用的方式计算，也就是说，如按外国商品运进本国后所能支配的货币、劳动或商品来计算，那么毫无疑问，使有关商人获得厚利的顺利的冒险生意的直接效果，便会增加国家的价值量。在这种特殊的贸易中，运回商品的价值和运出商品的价值比较时比一般情形要大。一个地区的价值的这种增长，无需由另一地区价值的减少来抵补，这一点是确切无疑的。实际上最常见的事情是，顺利的贸易中大宗商品的价值会同时增长，不论用货币或用劳动计算时都是这样。

因此，我们就不得不认为李嘉图先生在处理某些政治经济学中最基本原理的时候，在下定义和用名词的方面是非常不谨慎的。正像我在其他地方说过的一样，我毫不怀疑，这就是为什么许多人读他的书时往往认为很难理解的缘故。当非常熟悉的旧名词在新意义下运用时，作者便很难使用法始终一致，而读者也极难始终意识到作者打算赋予这些名词以什么意义。

第六章　论密尔先生的《政治经济学原理》一书中的定义与名词用法

密尔先生在他那部《政治经济学原理》中的确没有说自己有什么新发现。他的主要目的似乎是把李嘉图先生那部著作的主要内容用更精简和布局更好的方式写出来，这一点他也确实做到了。他在定义和名词用法方面几乎全是遵循李嘉图先生，但有少数的情形还是值得指出的。他在这些地方要不是使李嘉图的定义的错误更显著，便是有改动而没有提高。

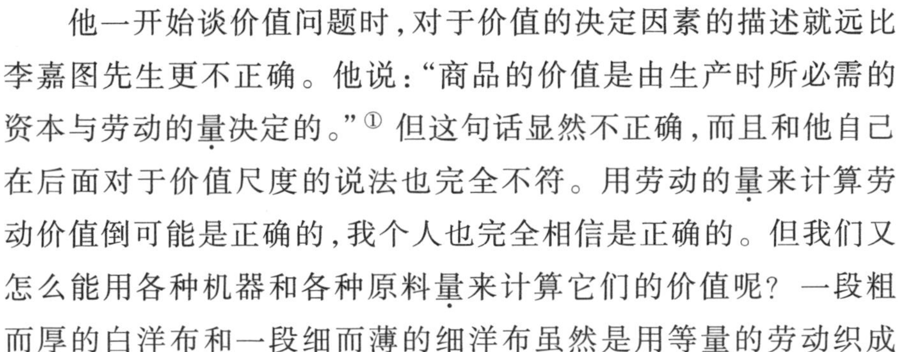

他一开始谈价值问题时，对于价值的决定因素的描述就远比李嘉图先生更不正确。他说："商品的价值是由生产时所必需的资本与劳动的量决定的。"[①] 但这句话显然不正确，而且和他自己在后面对于价值尺度的说法也完全不符。用劳动的量来计算劳动价值倒可能是正确的，我个人也完全相信是正确的。但我们又怎么能用各种机器和各种原料量来计算它们的价值呢？一段粗而厚的白洋布和一段细而薄的细洋布虽然是用等量的劳动织成

① 《政治经济学原理》(*Elements of Political Economy*，也译作《政治经济学要义》)第2版，第2章，第3节，第75页。

的，但前者所包含的原料量却可能比后者多四五倍，而原料的价值以及其影响制成品价值的程度实际上却可能较少。总之，任何劳动产品的价值，都是不能用产品的体积或量来衡量的。因此，如果说商品的价值是由生产所需的资本与劳动量决定的，那便根本错了。

后来他又进一步更仔细地观察商品互相交换的比例最后究竟是什么决定的。他说："由于一切的资本都在于商品，那么第一批资本就当然一定也是纯粹劳动的成果。第一批商品不可能由先于它们存在的任何商品制成。但是，如果第一批商品（当然还有第一批资本）是纯粹劳动的成果，那么这批资本的价值，也就是它所能交换的其他商品的量，就必然要按劳动计算了。方才我们确立了一个命题说，当劳动是唯一的生产手段时，交换价值便是由生产该商品所需的劳动量来决定的；上述说法是这一命题的直接结论。如果这一命题能够确立，就必然会得出一个推论说：一切商品的交换价值都是由劳动量决定的。"①

他满怀自信地提出了这一必然的结论，但我认为无论是从上一叙述来看，还是从往后所说的任何一点来看，似乎都无法得出这一结论。即使承认第一批商品完成后立即使用时，可能是纯粹劳动的成果，其价值因之也就会由这种劳动量来决定；但用这种商品作为资本来帮助生产其他的商品时，资本家在一定的时期内就必然不能使用这一笔垫支，因之也就必然会要求以利润的形式赋予报酬。

① 《政治经济学原理》（*Elements of Political Economy*）第2版，第3章，第2节，第92页。

在早期社会中，由于劳动的这些垫支较少，这类报酬就必然高，而且也会由于利润率高而在很大程度上影响这种商品的价值。在较进步的社会阶段中，由于所用的固定资本量大大增加，而资本家的流动资本有许多在垫支和回收之间的时间又加长了，商品和资本的价值便大大地受到利润的影响。在这两种社会状况中，有变利润量对商品互相交换的比率都有极大的影响。因此，我们就无法同意密尔先生的这一说法："根据最明确的证据看来，商品互相交换的比率最后是由劳动量决定的。"[①]

同样的道理，密尔先生把资本说成是积蓄的劳动，也是完全不正确的。资本也许可以说是积蓄的劳动与利润，但绝不光是积蓄的劳动，除非我们决定把利润也称为劳动。这一点密尔先生自己也没法不看到。因此，他在第2版中便背离了李嘉图先生，并大胆地说："利润实际上是劳动量的尺度。"[②] 这是非常奇特而毫无理由地滥用名词，但我相信最初是由麦克洛克先生提出的。更详细的讨论最好是等到我研究麦克洛克先生的定义与名词用法时再谈。

密尔先生的那本书里很富于逻辑精确性的味道，人们当然就会希望并且预计其定义必将以精确见长，而名词用法则不论所确定的意义如何，也会是非常统一的。但在这一方面读者却会感到失望。比方说，从密尔先生的用语中，我们很难推论出：商品的价值究竟是和本身的生产成本成比例变化，还是和本身支配其他商

① 《政治经济学原理》（*Elements of Political Economy*）第2版，第3章，第2节，第94页。

② 同上书，第3章，第2节，第95页。

品的能力成比例变化，这两种方式肯定是不相同的。

他那本书的第3章第7节题名是“货币价值是受什么东西规定的”。一开头他就说：

“这里所说的货币价值是指货币和其他商品交换的比例，或者与一定量其他东西相交换的货币量。”

这对于货币价值的确是一种很马虎的叙述。从精确性来看，甚至比一般购买力让人得到的了解更差。这里所指的一定量其他东西究竟是什么呢？这些东西的生产成本如果发生变化的话，货币会不会按同一比例受到影响呢？

但在下一节中，对于价值却有一个不同的和更好的说法。在那一节中他说：“黄金和白银实际上也是商品。取得这两种商品时也必须用劳动和资本。它们的价值正和其他一般产品一样，是由生产成本决定的。”①

如果货币的价值是由生产成本决定的，那么生产一定量货币所需的成本不变时，其价值也将不变。但十分明显的是：货币所能交换的其他商品量由于后者的生产成本变化而发生根本性的变化时，这种定义下的货币价值却可能不变。那么这两者之中，究竟哪一种是货币价值的真正标准呢？关于这一问题最好是不要让搞政治经济学的人感到漆黑一团，但密尔先生却没有提供任何帮助，而是让人家在这两种完全不同的意义之中设法自己选定一种。

但密尔先生用词混乱的问题，毛病最大的恐怕还是在供求关

① 《政治经济学原理》(*Elements of Political Economy*)第2版，第3章，第8节，第133页。

系方面。他比任何英国著作家都更应当负肇始这一错误之责，然而相信这一错误说法又会引起很严重的后果，所以就需要特别加以注意。

首先，只要稍稍注意过政治经济学用语的人，不论是从日常谈话或是从书本中遇到的，都会充分认识到需求一词有两种完全不同的用法；一种指的是被消费的商品量，另一种是购买者取得一定量的商品时所愿做的舍让量。在前一种意义下，需求的增长和价值的增长只具有很不肯定的关系；也可以说，它和进一步刺激生产的作用，只具有很不肯定的关系。因为在一般情形下，这类需求，最大的增长是由于供应十分丰富和价值大大跌落而发生的。当我们说需求相对于供应而言决定商品的价值与价格时，所指的只是另一种意义下的需求。在这种意义（可能是最常用的意义）下，供应增长时绝不会使需求增长，而只会使之缩减；需求缩减时却又会使供应增长。

其次，一般人都同意，进入市场的商品量如果不多不少，刚好足以供应那些能够而又愿意提供该商品的自然和必要价格的人们时，需求便可以说和供应相等，而且唯有在这个时候才能说相等。因为能够而又愿意提供自然价格的人们的需求量超过供应时，需求就被称为大于供应，价格也就会增长到一般生产成本之上去；能够而又愿意提供自然价格的人的需求量如果比供应少时，需求就被称为小于供应，价格也就会跌落到一般生产成本之下去。亚当·斯密以及几乎所有的政治经济学著作家都是这种说法，一般谈话中谈到这一问题时也是这种说法。供应等于需求一事如果还能在其他意义下说得通，是很难令人想象的；因为在任何其他意义下，不论售价究竟比成本高一倍还是低一半，都可以说商品的供应等于需求。

最后，我们必须承认，根据书本和一般谈话中最高的权威意见说来，某种商品过剩，是指其供应量相对于需求量而言已经多到使价格低于生产成本的程度。所谓普遍过剩只是各种不同的大宗商品都过多，以致使其价格低于自然价格或一般生产成本，而其他任何相等的大宗商品的价格却又没有成比例地上涨。

具有这些初步定义之后，我们就要进而探讨密尔先生的某些说法。他企图通过这些说法证明：供应和需求在总量上永远是相等的；某些商品供应过多，必然永远会被另一些商品成比例的供应不足抵消；因此，普遍过剩的情形是不可能发生的。

如果密尔先生始终坚持把商品需求一词解释成这一商品被消费的量，那么他在自己著作的第4章，第3节作为标题提出的论点，便可以坚持下来了；这一论点说："消费量与生产量大小相等。"但实际上这等于是说，如果商品生产十分丰富，以致使售价等于生产成本的一半时，那些商品仍然会在某种方式下被消费。这种不言自喻的道理诚然是不言自喻的，同时也是废话。然而密尔先生对于需求一词的用法，使自己无法将这一不言自喻的道理用作挡箭牌。他说："一个人生产的任何东西，如果不愿意留着自己消费，便显然是他可以用来交换其他商品的存货。因此，他进行购买的意愿和手段，也就是他的需求，便刚好等于他所生产而不愿留归自己消费的产品量。”①

密尔先生在这里对需求一词的用法，显然是指购买者为了取得待售商品所能做出的舍让量。密尔先生对这一量有一个正确的表达法，他说这是购买者的购买手段。但十分明显的是，他购买其他商品的手段并不和自己所生产并愿意付出的商品量成比例，而是和这一商品的交换价值成比例。除非是商品的交换价值和量成比例，否则每一个个人的供应和需求量就不可能永远相等。根据公认的供求法则说来，商品量增加，就会使全部的商品价值降低，实际上也就会使购买其他商品的手段减少。

密尔先生问道：“当我们说供求互相适应时，其必然的意义究竟是什么呢？这就是（他说）一定量劳动所生产的商品与等量劳动所生产的商品相交换。注意到这一命题之后，其余的便都清楚了。如果生产一双鞋的劳动量和生产一顶帽子相等，那么只要一顶帽子能交换一双鞋，供应和需求便是互相适应的。但如果鞋相对于帽而言价值低落，那就等于是帽子相对于鞋而言价值增长；这种情况就说明进入市场的鞋相对于帽子而言增多了。这时鞋便会过剩。为什么呢？因为一定量劳动所生产的鞋不能交换等量劳动所生产的产品了。正是由于这一理由，帽子的供应便会不足，因为一定量劳动制成的帽子所能交换的鞋比等量劳动的产

---

① 《政治经济学原理》（*Elements of Political Economy*）第2版，第4章，第3节，第225页。如果每一个人的需求量都和他的供应量相等，那么这一句话根据其正确意义说来，就证明他永远能按生产成本出售他的商品，其中还包括公平的利润在内。在这种情形下，便连局部过剩的情形也不可能发生了。这一说法实际上太过分。十分奇怪的是密尔先生对于一个看来非常明白的事实竟然没有看到，即供应永远必然根据量增减，而需求则只根据价值增减。

品多。”①

我已经遵照密尔先生的指示，适当地注意了可以使其他一切都清楚的命题，然而他所要达到的结论在我看来仍然是黑漆一团，这是该命题本身自然会发生的情形。当我们说供应与需求互相适应时，这一命题的含义就包括着最靠不住的定义。前面已经指出，在一般谈话和政治经济学最高权威的著作中供应与需求适应或等于需求一事的看法一直是：供应恰足以满足能够而又愿意提供自然和必要价格的需求者。在这种情形下，当然商品便会始终以亚当·斯密所谓的自然价格出售。

除非密尔先生准备坚持说，不论商品的售价高于生产成本三倍或只等于生产成本的三分之一，人们都始终认为供应和需求相适应，否则密尔先生就不可能维持他的定义。比方说，他不能否认，当鞋与帽的交换比例使一定量劳动生产的帽可以交换等量劳动所生产的鞋时，两者都可能同时以低于成本的价格出售。那么当两者的供应量都过剩到所交换的东西不能满足继续供应的条件时，我们是不是仍然因为上述情形而说帽子的供应量和帽子的需求量相适应，或鞋的供应量和鞋的需求量相适应呢？假定两者都以低于成本的价格出售时，鞋价跌落比帽价多，其结果又怎样呢？根据密尔先生的说法，“这时鞋便会过剩。为什么呢？因为一定量劳动所生产的鞋不能交换等量劳动所生产的产品了。正是由于这一理由，帽子的供应就会不足，因为一定量劳动制成的

① 《政治经济学原理》(*Elements of Political Economy*)第2版，第4章，第3节，第233页。

帽所能交换的鞋比等量劳动的产品多”[①]。

大家都会毫不犹豫地同意，在这种假定的情形下，鞋的供应过剩了，只是理由和密尔先生说的不一样。但根据同一假定说来，帽子的售价根本不能购回生产时所用的劳动量；那么我们说帽子的供应不足，这话还有一点真理的味道吗？

密尔先生在这里所提出的例子再清楚不过地说明了，他打算用来澄清一切的命题或定义根本不能适用于这一问题。如果说，一种商品的供应过剩与不足是由另一种商品的过剩与不足决定的，那便是一种完全不合事实的看法，准会得出最荒唐不经的结论。鞋相对于需求的供应状况基本上受帽相对于需求的供求状况影响的情形，自从有劳动分工以来，在任何社会阶段中都没有出现过。就我国目前的社会状况说来，普遍过剩的问题已经发生，如果说另一种物品是影响某种商品供应的有效原因，那就更是文不对题了，除非是这种物品和它的生产成本有关。

当一个啤酒花种植者运一万袋啤酒花到威希尔市场上去时，他绝不会想到帽与鞋的供应情况，正像他不会想到太阳上的黑子一样。那么他想到的究竟是什么呢？他想用啤酒花交换什么呢？密尔先生的意见似乎是：如果说他所需要的是货币，那就说明说话的人对于政治经济学一窍不通。然而我个人却宁可让人说成一窍不通，也仍然要毫不犹豫地明确指出，他所需要的的确是货币；并且还要说，在目前的社会状况下，他送上市场进行交换的大宗商品必须换取货币，否则他就不能进行他的啤酒花种植。

① 《政治经济学原理》(*Elements of Political Economy*)第2版，第4章，第3节，第234页。

理由是这样：第一，他必须以货币支付啤酒花园地的地租；第二，他必须用货币支付杠子、口袋、用具等的价款；第三，他在翌年所雇用的许多耕种土地的劳工也必须用货币支付工资；第四，人们带到市场上来的一切物品中，能用来计算利润的是货币，而且也只有货币。

有一点是千真万确的：接受货币的地主和劳动者最后总要用货币交换其他东西，因为除开守财奴以外，谁也不会欣赏货币本身。但用许多钱来购买快马、在饭店里吃饭和雇用仆役的地主，很少可能接受啤酒花种植者在市场上用啤酒花所能换得的商品；劳动者的开支虽然简单多了，可以说几乎完全只限于食物和衣物，但支配一定量劳动的能力如果用一定量谷物和衣服来代表，却肯定绝对不可能接近正确。实际上，我国的劳工都是接受货币工资的；并且劳动的货币价格往往一连多少年不变，而谷物的货币价格却不断变化，劳动者在某一年可能获得一倍于另一年的谷物的价值。

如果说鞋的需求是由帽的供应决定的，或者说啤酒花的需求是由棉布、干酪甚或谷物的供应决定的，这对事实真相便是一种完全错误的歪曲。对于问题非但没有说明，反而完全弄糊涂了。事实上，一个国家中一半商品必然构成另一半商品的充分市场或有效需求的说法，是完全没有根据的。生产大量商品并出售大量商品的人也许会用他们所销售的商品的百分之一来购买帽、鞋和棉布；但在他们想到帽、鞋和棉布的供应之前，首先必须集中全副精神注意资本的抵补，并且要问这种抵补是不是能获得公平的利润。商品不论经过多少中间的物物交换过程，不论生产者是把商品运到中国[①] 去还是在当地出售，关于其充分市场的问题，完全要取决于生产者是不是能以普通利润抵补其资本，以便能顺利地进行他们的生产事业。

但他们的资本是什么呢？正如亚当·斯密所说的，这就是生产工具、生产原料和支配必要劳动量的手段。因此托伦斯上校有一句话便说得非常正确："非资本构成部分的物品生产增加时，并不能使该商品本身或其资本构成部分的有效需求增加。"[②] 他还有一句话也可以说是接近真理的："消费者如果愿意而且能够通过直接或间接的物物交换为商品提供超过其生产成本的一切资本构成部分，他的能力与意愿就是有效需求。"[③] 但在后一说法中，他仍然远没有说明实际情况。生产大宗商品时，直接应用的劳动是非常多的，而原料与机器这另外两个资本构成部分也主要是由劳动生产的。考虑到这两点时，我们就可以显然看出，抵补资本的能力主要是取决于支配劳动的能力。但托伦斯上校所谓的资本构成部分的一定数量，绝不能代表一定量的劳动。因此，如果任何一种生产需要一定量的劳动，在不同时期对它造成同样的有效需求所需的资本构成部分就会大有差别。所以，如果说以

① 对外贸易无疑主要是一种物物交换；但英国毛织品在美国能不能获得充分市场，并不决定于这些毛织品是不是能购买已往那样多的烟草，而要决定于烟草和任何其他换购商品能不能取得必需的英国货币和英国劳动，使毛呢制造商顺利地进行他们的生产事业。如果毛呢和烟草的货币或劳动价格都低于生产成本，那么双方按往常的比例互相交换商品时，所做的仍然都是亏本生意。几年前萨伊先生曾针对我写出了一本小册子，这就是对这小册子的答复。

② 《论财富的生产》（*On the Production of Wealth*），第6章，第6节，第349页。

③ 同上。

一百一十夸脱谷物和一百一十套衣服代表的资本构成部分增加到“二百二十夸脱谷物和二百二十套衣服,该物品的有效需求就会增加一倍”[①],那就远非事实了。

他又说:“供应增加是有效需求增加的原因,而且也是唯一的原因。”[②] 这话就更加不正确了。对人类说来,幸而这一说法是不正确的。果真正确的话,一个社会的食物与衣服暂时减少后,将多么难于恢复原状!由于自然仁慈的安排,这种减少在一定程度内非但不会减少有效需求,而且还会增加有效需求。供求理论说明,食物与衣服的数量像这样减少以后,其价值就会增加。普遍的经验告诉我们,事实上其余的食物与衣服的货币价格在一个时期内的增长比例,会大于供应量减少的比例,而劳动的货币价格可以始终不变。其必然结果是出现一种力量,能使更多的生产性劳动投入生产。[③]

对于正确地解释社会的实际状况说来,最害事的假定就是认为按食物与衣服计算的自然劳动工资永远接近同一水平,而且大致上刚够供养一个不增不减的人口。其实促进或阻滞人类社会这一大机器运转的一切最常见的原因,都牵涉到劳动的实际工资的变化,而且往往还是巨大的实际工资的变化。由于相对于需求

① 《论财富的生产》,第6章,第6节,第345页。

② 同上书,第6章,第6节,第348页。

③ 十分令人惊讶的是,许多有名的政治经济学家竟然会不提货币而运用其他例证,根本不管这种例证多么笨拙和不切实际。我想他们是怕人家硬说他们认为财富就是货币。的确,财富肯定并不就是货币,但货币在财富分配方面确实是最有力的因素,这也是同样确凿的事实。如果一个国家的一切交易实际上都是通过货币进行的,而有人竟仍然企图主要提出帽、鞋、谷物、衣服等来解释供求原理以及利润与工资的变化,那是注定要失败的。

的供应状况的作用，一般商品的货币价格都是不断有涨落的，谷物尤其如此，而劳动的货币价格则远比其他商品更能维持同一水平。在谷物和商品涨价时，普通日工的实际工资就必然会减少，劳动者在其生产品中所取得的份额就会减少；这时利润就必然会上升，资本家支配劳动的能力就会增加，充分就业的人也会增加。原来引起商品货币价格暂时上涨的供求状况不论是由于什么原因产生的，都会由于这样引起的增产而自然地得到补救。从另一方面说来，如果谷物与商品的货币价格相对于劳动的货币价格而言有所跌落，受雇的日工所得的货币便显然能够买更多的谷物；他在自己的生产品中所占的份额便会加大；利润也必然会降低；资本家支配劳动的能力便会减少；充分就业的人数也就会减少。原先引起商品货币价格暂时跌落的供求状况，不论是由于什么原因产生的，都会由于这样造成的减产而自然地得到补救。这两种补救过程的作用，能防止过多或不足的情形继续存在。这是人人自然都会预计到的，而且也显然得到了普遍经验的证实，所以任何说法如果以直接违反这两种补救过程的虚拟供求法则为基础，那就很难想象会得到流传。

我们记得供应过剩的问题完全是它会不会不只是局部的而且也能成为普遍的；而不是它会不会不只是暂时的而且也能成为永久的。上述原因有力地防止了过剩或不足的状况永远存在，并调节了商品的供应，使之以自然价格出售。但自然过程中这种补救过剩或不足的趋势，并不能证明这两种流弊从来没有存在过，正好像某些自然过程无需借助于人力的帮助就有医治某些失调状况的趋势，其本身并不能证明这些失调状况不存在一样。

我们不妨回头来专门谈谈密尔先生的说法。他一再声称供应就是需求,需求也就是供应,不注意的读者必然会完全摸不清楚哪个是哪个。说了这些之后,他就得出了一个明确的结论,而这结论不论是和理论还是和经验都是直接相冲突的。这证明如果不是他的前提错了,便是他所谓的不可分割的推理之链,仅仅是由许多互不连贯的环节所组成的。他说:“有一个普遍正确的说法是,由于一个国家的总供应量和总需求量不可能互不相等,那么某些商品的供应过剩因而使交换价值低于生产成本时,就不可能没有相应地供应不足因而使交换价值超过生产成本。所以,过剩的理论似乎就被完全不可分割的推论之链否定了。”[①]

当商品仅是互相比较时,毫无疑问的是,它们绝不可能同时跌价或同时涨价。但如果像上一段所说的情形一样和生产成本相比较,那么根据最公正的理论来说,它们显然可能全部同时涨价或跌价。什么是生产成本呢?只有两种可能:一种是商品本身以及生产过程中所消耗的工具与原料和垫支项目在垫支期间的一般利润等项中所包含的劳动本身,另一种是对这三种劳动所需付与的货币。

从理论上说来,我们的确不能否认,我国所生产的一切商品相对于一种墨西哥商品说来可能全部跌价。我们同样也不能从理论上否认,英国劳动所生产的一切商品相对于那种劳动说来,可能由于本身供应大大增加或需求大大减少而跌价。在理论上承认了公认的供求法则所规定的这些情形之后再回头来看看实

① 《政治经济学原理》(*Elements of Political Economy*)第2版,第4章,第3节,第234页。

际情况，就会亲眼见到一个事实，而且根据无可怀疑的权威意见也可以认识到这一点，即许多大宗商品的价格有时会跌落到生产成本之下，这些成本不论以货币还是以劳动计算都一样；这时我们并没有任何根据可以说任何另一同等大宗的商品的价格会成比例地增长到生产成本之上。

甚至就在去年，大家都十分清楚，棉、麻、毛、丝等制品的价格都降落到包括普通利润在内的生产成本之下去了。先不说旁的，光把这些制品的量加起来粗略地估计一下，价值也在七千万英镑以上。这些商品的生产和供应过剩时，就必然会使信心和信誉动摇，并使交换票据和通货减少；如果一部分由于前两种原因，一部分由于后两种必然的结果而使这些大宗商品价格跌落到一般生产成本之下，试问谁又会那样盲从不疑地同意密尔先生的说法说："就不可能没有其他商品相应地供应不足因而使交换价值超过生产成本？"我的确非常怀疑，不知有没有充分的证据能够证明，当七千万镑的货物价格跌落到生产成本以下时，真有一百万镑的货物价格上升到生产成本以上去了。

因此，如果普遍过剩的定义是大宗商品的价格跌落到生产成本以下而没有其他同样大宗的货物成比例地涨价到生产成本以上作为抵补，那么密尔先生根据"完全不可分割的推理之链"所得出的否定普遍过剩存在的结论，看来便完全没有根据了。

在奠定政治经济学理论时，如果连上面所提的这样众所周知的事实都被大胆地否定，或是认为不值得注意，那么这门学科也就马上没有用处了。

关于劳动工资问题，密尔先生用他的权威理论补充了李嘉图先生的独特观点和说法,他说:“不论劳动者所得的份额如何,工资率总是这样;反过来说,不论工资率情形如何,劳动者所得到的一种或多种商品价值的份额总是这样。”[1] 密尔先生用工资率一词来说明归于劳动者的产品份额,这一名词在某些方面也许比李嘉图先生说明同一问题时所用的实际工资一词好一些,但却仍然是完全无法接受的,因为这是一个熟悉的旧名词换上了一种完全新的用法。在李嘉图和密尔先生之前,当人们运用高工资率或低工资率等名词时,谁也不会认为所指的是付与劳动者的产品比例。事实上,这种意义已往在政治经济学的用语中还没有任何适当的名词可以表达。然而在解释利润理论时,却非常需要表达这一名词的意义。因此,我们就肯定应当选用一个新名词,而不要用已经具有另一种习用意义的旧名词。麦克洛克先生所用的比例工资一词,看来没有什么可以反对的地方。

整个地说来,我们必须承认,密尔先生在他那部《政治经济学原理》中,很少注意到政治经济学家下定义与用名词时所应遵循的最明显规则。他的定义和名词往往并没有适当的根据,而且用法也很少前后一致。

---

① 《政治经济学原理》(*Elements of Political Economy*)第2版,第2章,第2节,第41页。

第七章　论麦克洛克先生在《政治经济学原理》一书中的定义和名词用法

不管李嘉图先生和密尔先生在名词的定义和用法方面如何不小心，但我恐怕人们会发现麦克洛克先生比他们更不小心。这一题目他考虑得愈久，他就变得愈加鲁莽和轻率，而不是因此而小心起来。

阐述任何学科的人，一般都希望选用明确和恰当的名词。为此，他们的主要目标是寻求典型的区别，而不是寻求局部的类似之处。麦克洛克先生则相反，他所追求的好像只是类似点。从这一原则出发，他便把物质与非物质对象、生产性与非生产性劳动、资本与收入、劳动者的食物与劳动者本身、生产与消费、劳动与利润等名词都混同起来了。

这绝不是夸大麦克洛克先生《政治经济学原理》一书的情况。任何人只要仔细地念念这本书，就会相信这一说法了。

麦克洛克先生认为他对于财富的定义是完全无懈可击的。他说财富是“那些具有交换价值，并且是必需、有用或令人喜爱的物品和产品”[①]。

把价值一词用在财富的定义里，恐怕就未必是完全无懈可击的。这很像是用更不明白的概念来解释不明白的概念。但纵使不谈这一反对意见，这定义的叙述也使人弄不清非物质的满足是不是包括在内。一般说来，这种满足是不用物品或产品这类的名词来表示的。他直到对我那条仅限于物质对象的财富定义提出旁注时，才说清楚要包括这种满足在内。往后他自己对生产性劳动下定义时，也说明要包括在内。这一定义包括从人类劳作中所取得的一切满足。

麦克洛克先生在《大英百科全书》(*Encyclopædia Britannica*)补编里发表的“政治经济学”这一条中，把这一类的满足从他的财富定义中取消了，而且提出了理由；如果我没有被他原先的理由说服的话，这些理由便一定能说服我，使我完全相信这样做是正确的。他说：“如果政治经济学要讨论一切有用和令人喜爱的对象的分配与生产问题，那就要把每一门其他学科都包括在内才行；最好的百科全书实际上也就是一本最好的政治经济论著了。健康是有用的和令人喜爱的。根据这一假定说来，财富学就应当包括医学。公民自由与宗教自由是极为有用的，因此财富学就必须包括政治学。优秀的表演是令人欢迎的，因此要做到全面，财富学就必须包括戏剧艺术原理的讨论。其他例子是不胜枚举的。这一类的定义显然是非特无益而又有害。他们唯一的效果就是使人们对于财富学的对象与范围产生混乱概念，并使从事研究的

① 《政治经济学原理》(*Principles of Political Economy*)，第1部，第5页。

人对于自己的探讨得不到一个清晰而明白的概念。”①

根据这些理由，他把财富限于物质产品方面。但在同一本书中，他又把根据这些充分理由不列入财富定义中的一切取得满足的泉源都包括到生产性劳动的定义中去了。但这样一来，他就不得不背上一种矛盾，即一方面说财富完全是物质产品，同时又说一切的劳动不论是否能生产物质产品，都同样可以生产财富。为了避免这种矛盾，他便改变了他的定义，把物质产品一词取消了。因此，我们所要弄清楚的便是他像这样做之后，是不是背离了我们为名词下定义时所应遵循的最明显的原则。

根据他往后讨论生产性劳动时对财富定义所做的解释看来，那个定义却又包括一切从仆役扈从方面得到的满足，不论其人数多寡都是一样。

假定有两个土地富饶的国家具有同样多的人口和物产，其中一国的地主引以为荣的赏心乐事是主要把地租用来雇用仆役和扈从，而另一国家则主要是用来购买进口制造品与产品。显然，其不同的结论便会类似我在前面讨论“经济学家”的定义的结论时所说明的情形。地主的习惯与嗜好崇尚物质享用品与奢侈品的国家，地产首先大概就会分配得更好。其次，假定两国具有等

① 这些评论主要是针对劳德达尔勋爵关于财富的定义来提出的，这位勋爵说：“财富是人类喜爱并认为有用因而想望的一切。”但上述评论对于麦克洛克先生目前的定义也差不多同样能适用。这一定义把财富限于指具有交换价值的对象；然而根据麦克洛克先生自己的说法，健康是从医生那里买来，观剧中所得到的满足是从演员那里买来；而且我们也不得不承认，如果不为一个良好政府的行政人员支付薪金，便无法享受宗教与公民自由的利益。哈兰姆先生说英国的自由主要是连续不断地从君王手中购得的，这话也颇有几分正确性。

量的农业资本，那么该国的工商业资本量就要大得多。第三，两国的社会结构也将完全不同。在一个国家中，将有大批的人依靠资本的利润生活；而在另一国家中，这种人相对说来就很少。在前一国家中，社会上的中产阶级庞大；而在后一国家中，社会就将几乎完全分为少数大地主和他们的仆役与扈从这两个阶级。在前一种国家中，良好的房屋、家具、衣服和车辆会比较多；而在后一种国家中，这一类的享用品却只限于少数人使用。

试问，如果说这两个国家的财富是同样丰裕的，那岂不是完全违反了一切普通语言、普通意识和普遍的理解吗？

但麦克洛克先生却发现，通过仆役和扈从所达到的目的跟通过工业劳工与农业劳工所达到的目的有类似之处。他说："一切人类劳作的目的都是一样的，也就是增加必需品、享用品和奢侈品的总量。至于有多少享受应当从仆役的劳务中获得，有多少应当从物质产品中获得，就要由各人自己去决定了。"①

我们的确可以毫不犹豫地承认，甚至连马车后面站着的第三个跟班，看来虽然只能增加马匹的疲倦和车辆的耗损，但也和制丝带和花边的工人一样，是雇来满足人类某些需求与欲望的。同时我们也可以毫不犹豫地承认，干预各人使用收入的方式是不明智的。然而，如果根据大部分人所理解的财富一词来说，这些不同种类的劳动对社会财富的影响是截然不同的；那么我们是不是由于上述情形而不能用不同的名称来区别这些劳动以便有助于解释这些不同的效果呢？麦克洛克先生无疑会发现食盐和它所

① 《政治经济学原理》（*Principles of Political Economy*），第4部，第406页。

调味的肉之间有某些类似之处存在。用量适当时，两者都有助于制成一项美味而营养的食物；我们一般也让各人根据自己的嗜好和判断来决定其间的比例。但我们是不是可以根据这一点把两种东西混同起来，并说它们具有相等的营养价值呢？我们界说和运用名词时，是不是应当让人们从我们的说法中推论出，一个人用一半盐和一半肉制成食物时会同样有益于健康和体力呢？

但麦克洛克先生说，从亚当·斯密所说的非生产性劳动方面得到满足的嗜好"对于国家财富所发生的影响，正和对于烟草、香槟酒和任何其他奢侈品的嗜好一样"[①]。这一点我们可以直接予以否定，除非我们对于财富提出一种定义，以致可以说，少数大地主从炫耀仆役与扈从方面得到的享受，在财富计算中能和大宗制造品与外国商品一样起作用。但当沙普达尔先生计算法国财富以及科尔格亨先生计算英国财富时，任何表格里都没见列入这类享受的价值。如果我们所理解的财富的意义跟一般谈话以及政治经济学最高权威的用语一样，那么对物质享用品与奢侈品的爱好对国家财富的影响便和对仆役和扈从等人的劳务的爱好，截然不同了。一般土地产品交换制成品、烟草和香槟酒时，必然会产生资本。这种交换愈盛行，由于资本增长和社会结构改良而得到的利益就愈普遍。用生活必需品交换仆役的劳务超过一定限度之后，就显然会妨碍资本的增长；发展的程度相当大时，就会完全无法累积资本，并使一个国家永远处于半野蛮状态之下。

麦克洛克先生不受自己定义的影响时，曾公正地指出："讨论

① 《政治经济学原理》(*Principles of Political Economy*)，第4部，第410页。

财富生产的那一部分政治经济学中，最大的实际问题就是有哪些方法可以用最少量的劳动生产最大量的必需、有用与受人喜爱的产品。”[①] 但在亚当·斯密所谓的非生产性劳动者方面，却不可能像这样节约劳动。从资本、机器和劳动分工等方面所能得到的显著利益，在这一方面几乎完全消失了。在绝大多数情形下，节省劳动就会正好破坏所要达到的目的，换句话说，像这样就无法炫耀仆从或指挥人数众多的扈从人员而引以为荣了。

如果说，运用必要的劳动来生产物质享用品与奢侈品就必然会产生资本并使资本得到分配，同时也可以让我们得到节约劳动并在最大范围内使用机器的一切利益，而把劳动作亚当·斯密所说的非生产性运用时就必然会失去这一切利益，那我就要问：仅就这两点而言，难道不足以形成一条十分明确的分界线，充分说明亚当·斯密的分类法是有理由的吗？这种分类在解释国富的影响因素时，用处是最为明显而惊人的。

一个违反人类一般语法和一般意识的定义是很难一贯运用的。因此我绝不怀疑，如果麦克洛克先生亲自到上述两种国家中去走走；其中一个国家工商业繁荣，而另一个国家虽然具有同样的人口和食物，但为人民提供的却不过是“面包和戏剧”[②]；他就会说后者贫穷而前者比较富裕。

这种差别究竟是由什么原因造成的呢？亚当·斯密对这一问

---

① 《政治经济学原理》（*Principles of Political Economy*），第2部，第71页。如果所有的劳动对于国家财富具有同等的生产力，这些话就完全没有意义了。

② 罗马时代平民要求皇帝登位时向人民允诺的条件。意思就是起码的生活条件。——译者

题会提出简单、充分和最易理解的理由。他会说，他所谓的生产性劳动者的人数和工作能力在一个国家中比另一个国家大得多。看来这话是一个清晰而圆满的解释。麦克洛克先生的学说，对这两种劳动不加区别，我就不知道他根据这种学说究竟能怎样解释这一问题了。[①]

他回想一下之后也许会说，他根据自己对财富的定义说来并不一定要承认这两个国家的财富真正有何区别。果然如此，我就绝对有把握说，他对财富的定义违反了名词界说与用法的一切最明显的规则。这种定义和财富在一般谈话中的意义完全相反，同时和政治经济学最高权威的用法也截然不同。它非但丝毫不能消除已往关于财富与生产性劳动这两个定义的困难，反而大大地加重了这些困难。它和我们的一般习惯与意识都完全相反，以致无法前后一贯地坚持应用。

麦克洛克先生对资本的定义和他对财富的定义具有同类的性质，也就是说，范围非常广泛，以致完全无法精确，并使原先解释国富的影响因素时极合实用地区分的对象都混在一起了。在麦克洛克先生看来，改变定义似乎根本算不了一回事。下面的一段话的确是非常独特的。"一个国家的资本的定义是：该国可以直接用来维持生活或促进生产的那一部分劳动产品。这一定义和亚当·斯密博士提出并经大多数经济学家接受的定义完全不同。他们说一个国家的全部劳动产品是该国的资财，资本只是用来生

① 麦克洛克先生洋洋大篇地讨论了积累对国家财富的增长为什么是极为重要的。但试问仆役让人得到的满足又能怎样累积起来呢？

产某几种商品的一部分资财。另一部分，也就是用来维持人民生活而不直接用于生产的资财，则被称为该国的收入；他们认为这种收入对国家财富的增加没有任何贡献。”

“这些区别似乎并没有很好的根据。不直接用于生产的那一部分资财往往生产性最大。比方说，阿克赖特和瓦特作为生活必需品消费的资财是作为收入花费的，然而这比他们对所雇的工匠花费的等量资财，无论是就增进他们个人的财富而言还是就增进整个国家的财富而言，贡献都大得不可比拟。任何一部分资财究竟是否有助于生产，始终很难确定。任何资本的定义如果要明确这一点，就只会使原来十分简单的问题弄得极为紊乱和模糊。在我们看来，物品不论是能直接用于生活还是能帮助人取得商品或生产商品，都足以构成资本。但物品是不是资本的问题和使用的方式问题肯定应该根据明显的事实认为是完全不同的两回事。虽然我们先天的知识有相反的看法，一匹马套在一个绅士的马车上，也许和它套在一个酿酒者的载重马车上一样有助于生产；可是事实很明显，不论在这两种情形下实际上有什么区别，这匹马总还是这匹马，这一点并没有受到影响。在两种情形下，它都同样具有帮助生产的能力；只要它具有这种能力，就应当不管其他情形如何，看作该国资本的一部分。”①

如果承认了这些说法的话，一切的分类和一切大大有助于解释社会事物的恰当名称便立即全都完了。如果把一个国家的全部产品和用于特殊用途部分区分开来是没有确实根据的，那么我

① 《政治经济学原理》(*Principles of Political Economy*)，第2部，第92页。

就要问：一个国家的全部男子和律师、医生、工业劳工、农业劳工等类的人的区别又有什么更好的根据呢？他们都同样可以归于人这一总名称之下。但各种不同的人，根据其一般的职能用特殊的名称加以区别时，是极为有用的。

我自己消费的面包或给予仆人的面包都是国家总产品的一部分，也许和垫支给工业劳工或农业劳工的面包没有区别。我或我的仆人消费时，这种面包便起了最必要、最重大的作用，也就是维持生命和健康的作用。但在取得这种作用时，我的财富会成比例地减少。另一方面，如果我把同样的面包当成工资付给工业或农业劳工，对于我本人说来也许不像以前那样起着必要的作用；但对于我的财富说来，作用就根本不同了，它会增加我的财富，而不会减少我的财富。在探讨各国财富的影响因素时，对于同一类垫支所起的不同作用，难道我们不应当用具体的名称指明吗？

因此，在普通谈话和最优秀著作家的用语中，收入和资本始终是有区别的。收入的意义是直接用于维持生活和享受的物资，而资本则是用于获得利润的物资。但在麦克洛克先生上一段话的用语中，特殊名称的根据是完成特殊作用的能力而不是经常完成这种作用的状况。在海德公园里拉四轮载客马车的马，具有为酿酒者或农夫拉运货马车的能力："不论在这两种情形下实际上有什么区别，这匹马总还是这匹马，这一点并没有受到影响。在两种情形下，它都同样具有帮助生产的能力；只要它具有这种能力，就应当不管其他情形如何，看作该国资本的一部分。"

在我看来，这就等于是说：能完成法官职能的人，就应当被称为法官；因为不论他是坐在法官席上，还是出庭对簿，这个人总还是这个人。他在两种情形下都同样具有帮助决定案件的能力。他只要具有这种能力，就应当不论其他一切情形如何，被认为是国家的一个法官。据说法国人对于英国法官少这一件事感到惊讶，如果我们采用这种包罗万象的名词的话，他们那种惊奇感便会立即冰释了。

社会上每个人的全部收益，不论实际用途如何，在其可能范围内都可以直接用来维持人的生活。因此，根据麦克洛克先生的定义说来，一切收益便都是资本了。但他甚至对这一名词的这种异常广泛的意义还感到不满足。他追溯出一个进行工作的人和一匹进行工作的马之间也有类似之处，于是便说："我确信，原先对于资本一词所赋予的意义，初看起来不论怎样广泛，其释义还应当更加全面一些。资本所指的应当不光是人体之外可以用于维持生活并帮助生产的一切劳动产品，人本身不当成国家财富一部分是没有任何充分理由的。反之，把人当成国家财富的一部分，则可以举出许多理由。人正和人力所造成的机器一样，都是劳动的产品。在我们看来，人在所有的经济研究中，都应当完全根据同一观点加以考虑。"①

工作的人和工作的马之间有某些类似之处，这是毫无可疑的。但这难道能成为把两者浑然不分地归于资本一词之下的充分理由吗？问题不是两者之间是否有部分的类似处，而是有没有典型的区别。肯定地说，在一切经济研究中，一个自由人和他所用的马、机器、食物等之间是有极大区别的，足以让我们用上一个

① 《政治经济学原理》(*Principles of Political Economy*)，第2部，第114页。

不同的名称;在所有的经济研究中,最大和肯定最有价值的目标总是怎样能使人以外的劳动产品相对于人本身而言始终丰盈而不虞匮乏。因此,对人用上一个不同的名称就尤其有必要了。

人们一向经常说,社会上劳动阶级的幸福主要取决于国家资本相对于人口的增长率。如果国家资本包括人口的话,这句话就没有意义了。但我所知道的著作家中,还没有一个像麦克洛克先生这样经常说这句话。他虽然对旧名词给予了不同的定义,但似乎又经常被迫不得不按照旧用法运用。这一点的确最鲜明地说明了,要一贯维持新奇而异乎寻常的定义是极其困难的。

他对爱尔兰的离地地主制度的效果有一番十分奇特而又完全站不住脚的议论。他在这一议论中对于地主离地为什么不减少该国财富的问题所提出的理由中有一条是:这种地主除开用来满足自己的物品以外,没有从土地上携走任何资本。但麦克洛克先生对于国家资本的定义是:“该国可以直接用来维持人们的生活或促进生产的那一部分劳动产品。”这样说来,那些离地地主便必然携走了相当大的一部分资本。因为我们无法否认,他们田庄上所出产的谷物、牲畜和黄油可以直接用来维持生活,而这一切在将有关汇兑的所有奥妙之处都抛开以后,实际上就是输往英格兰交付地租的主要物品。

麦克洛克先生还认为,通过移民改变资本与劳动的比例是解除爱尔兰贫困状况的最好方法。但如果根据他的说法,人在所有的经济学讨论中都应当完全像被人使用的机器或被消耗的食物一样,看成是一种资本,那么,移出一部分人口便会使该国失去一部分资本,而这部分资本却始终被认为是最有害的。因此,麦克洛克先生在其定义之外，对于这一问题的推论究竟是非如何，姑置不论；明显的事实是，他的定义一经运用就使他的推论垮台了。

毋庸赘述，在所有严格性较差的学科中，定义和分类都不是完整和完美无缺的。较完美的工具既不可得，任何明理的人便都不会拒绝利用不甚完美但本质上极为有用的工具。比方说，在少数情形下，仆役和农业及工业劳工的劳动是很相似的；但在解释国富的影响因素时，如果发现将工业劳工与农业劳工的劳动和仆役、扈从以及滑稽戏丑角的劳动加以区别是有用的，那么这种区别的准确性虽然由于前述少数情形而有可疵议之处，但作用并不会由于这些少数情形而被否定。分类的根据是一种产业和另一种产业的一般性质与一般效果。只要从这些方面说来分界线是充分明确的，在特殊情形下纠缠不清便是于事无补地吹毛求疵了。[①]

但在麦克洛克先生主要强调的问题上，其区别也足以使我有根据另立一分类。无可怀疑，如果要在伦敦的阁楼中生火，那么把煤从地下室里运上楼去，就和从矿底下运上地面来一样必要。同时，把煤从屋底下运到楼上来，和把煤从矿底下运到地上来也

① 密尔先生在《政治经济学原理》（*Elements of Political Economy*）第2版，第4卷，第1节，第219页上十分正确地说明了这一问题。李嘉图先生和密尔先生的确都充分地承认了生产性劳动与非生产性劳动之间的区别。萨伊先生虽然把仆役的劳动称为生产性的，但却把生产物质产品的劳动与生产非物质性产品的劳动区别开了。关于后一种产品，他说：“人们促进其增加时，对财富并没有增补，而只是对消费有益处。”［《分析表》（*Table Analytique*），第1卷，第13章］这是一种最典型的区别。我虽然认为亚当·斯密的分类法由于简单而更可取，但我必须承认，根据这些原则，各国财富的影响因素可以得到清晰的解释。但如果认为所有的劳动都同样是生产性的，那我个人就完全不知道国富的影响因素能怎样解释了。

的确同样有类似之处。但在这两种情形下仍然存在着最明确和最典型的区别。

矿工是由矿主或开矿的人付给工资的，其目的明确地是为了增加矿主的财富。因此，矿工劳动的价值便在加上利润之后一起算到煤的售价中去了，其结果可以正式记入任何国家财富的计算中。但当同一个矿主或开矿的人付钱请一个工人，让他把煤从院子里送到客厅时，其目的显然是使他自己通过矿工的作用而取得的财富，在消费时能得到方便和更加便当。这两种手段运用的目的显然不同，一种是帮助取得财富，另一种是帮助消费财富。在探讨国富的影响因素时，我很难看出有任何分界线比这更明确有用。

根据同一原则说来，如果把直接用于消费的资财或保留下来用以获得利润的资财用不同的名字来加以区别，对于阐明问题是有用处的，那我们就无须等到查明每个人的特殊才能以后，再去说明他的开支的性质。如果我们发现阿克赖特和瓦特[①] 这样的人正在十分自然而又正当地为了直接消费而贮存钱财，以便建立华丽的大厦来满足本人及其家人亲友的欲望，我们就不像对待所有的普通人一样，把这种开支称为收入的消费，而是破格优待，称之为资本的支出。像这样进行探究，就会使政治经济学著作家加上一个完全不应当完成的任务，因为这样就会使上面提出的分类完全无法达到目的了，对于上述知名人物说来当然也完全是不必要的。在估计国家财富时，牛顿和弥尔顿的天才必然会被低估；

① 《政治经济学原理》（*Principles of Political Economy*），第2部，第93页。

这事只能说明除开财富以外还有其他的泉源可以产生羡慕和快乐。但阿克赖特和瓦特这样的人,在政治经济学家手中却是完全保险的。他们的天才和劳动的成果完全是按其使国家的收入与资本所得的极大增益来估计的;这里所说的收入与资本是最自然和最普通的意义下的收入和资本。他们天才的效果按这种方式估计后,如果另外有人将其价值当成特殊机器的价值加以估计,那便会造成无法解决的困难,而且也是算了两回账。这好像是估计一个技术高超的工匠的产品价值后,又加上他的高额工资,然后一起算入国家财富之中一样。

在麦克洛克先生那一套名词中,我们很难说哪些东西可以不被称为财富,或者哪种劳动可以不被称为生产性的。根据他对这一问题的看法说来,任何劳作和任何消费,只要能鼓励生产,不论其作用如何间接,都应当被称为生产性的。同时,我们也先别忙说吹泡泡或用纸牌搭房子这类最无聊的娱乐或玩意儿是非生产性的,而必须先看看干这种事的人往后是不是会因为这些而更勤劳地工作。[①] 如果我们接受这种说法,并且要等到看出每一特殊情形的结果以后,再根据它的性质做出例外规定,那么任何最有用的分类都不可能成立了。纵使不谈这一点,我也敢说:对财富生产的作用十分直接,以致能用产品价值计算的劳动,跟那些作用间接,因而不能如此计算的劳动之间的区别一旦被推翻,政治经济学中就必然会造成极大的混乱,而且会使国富的影响因素无法解释。根据这种原则说来,任何一种劳作和娱乐都可以被称为生

① 《政治经济学原理》(*Principles of Political Economy*),第4部,第409页。

产性的。散步、骑马、驱车、玩牌、打台球等都可能间接成为生产的原因。用麦克洛克先生的话来讲："如果说生产的原因都必然是生产性的，那便很像是一句不言而喻的话了。"①

但在所有间接的生产原因中，最强有力的毫无疑问是消费。

如果人们不消费的话，土地的产品相对说来又将如何稀少。因此，消费就是生产的主要基本原因。如果我们像麦克洛克先生所提出的那样，把间接原因和直接原因相提并论，那我们就会把工业劳工和打台球的人、把生产者和消费者归为一类了。

像这样混乱地使用名词，政治经济学这门学科是不可能不受到极大损害的。为了求得任何准确性，并且做出可以理解的解释，直接生产财富的劳动和仅仅是鼓励生产的劳动，就绝对必须有不同的名称，这一点是再清楚不过的了。

麦克洛克先生还有一个极为奇特而不可理解的名词的误用，把劳动一词推广到一切自然作用和各种利润方面去。

亚当·斯密和我所见到的其他著作家，运用劳动一词而不加任何特别形容词时，指的都是人类的劳作；而劳动工资一词则是指人类因劳作所得到的报酬，不论是产品还是货币都一样。李嘉图先生说商品互相交换时所根据的是各商品中所包含的劳动，这话毫无疑问是指直接用于生产的人类劳动以及在协助生产时所消耗的固定资本与流动资本中所包含的那一部分人类劳动。而且，只有在谈到一种商品和另一种商品的关系并假定其他一切条件都相同时，这话才是正确的；也就是说，假定利润相同，固

① 《政治经济学原理》(*Principles of Political Economy*)，第4部，第411页。

定资本与流动资本的比例相同，固定资本的使用期限和流动资本的回收时间相同，那么商品的相对价值便由所包含的人类劳动决定。

但麦克洛克先生也没法不看到，很难提出两种不同种类的商品在这一切方面都相同。因此，这种假定无法运用于大宗商品，于是也就是完全没有用处的。然而没有这样一个假定，前一命题便显然不正确了。

其实他自然应当纠正李嘉图先生的命题，在商品所包含的人类劳动以外，加上一般所发现的对商品价值有影响的任何其他因素，并用通常的名称来称呼这一因素。然而他却没有这样做。他的做法是保留李嘉图先生的用语，而又完全改变了它的意义。世间没有一种东西是新定义所不能证明的。如果我们说果核时，意思就是指梅子，那么面粉、牛奶、板油和果核就可以做成梅子布丁。麦克洛克先生根据这一原则力图证明商品实际上是按所消耗的劳动量互相交换的。他举出了两个例子，我们必须承认，他在这里面并没有被表面的困难吓倒。他真是敢做敢为。这两个例子也正和梅子布丁的说法同样有道理。[①]

这两个例子是：一桶酒放在地窖里没人去碰，过若干年之后价值增长了，这是由于所用的劳动增加了的缘故。百年的大橡树，在一世纪之间没有人、牲口或机器去碰过，值价二十五镑，其价值也完全是由劳动得来的。

李嘉图先生有一条伟大的原理指明：商品的交换价值取决于

① 《政治经济学原理》（*Principles of Political Economy*），第3部，第313、317页。

生产所需的劳动量。麦克洛克先生也承认，李嘉图曾有意修改这一条原理，以便说明商品在购得或生产后和贮存到适用之前这一段时期内在某些情形下所增加的交换价值，不能认为是劳动的效果，而只能认为是相当于该商品所花费的资本实际运用时所提供的利润。[①] 这是从正确的观点来看这一问题，而且表明了他不打算改变劳动一词的意义来摆脱这一困难。然而麦克洛克先生却说：

“和这样一位伟大的权威作家持不同意见，我不得不感到有些犹豫。然而我只得承认我看不出有任何理由要认为这一情形是一个例外。为了解释这一原理，我们不妨假定一桶新酒值价五十镑，放在地窖里过一年后值价五十五镑，问题便是：这桶酒所增加的五镑价值究竟应当认为是五十镑的资本在这一段被占用时期中的报酬呢，还是应当认为是实际加在酒上的劳动的价值呢？我认为应当持后一看法。关于这一点，我认为有一条最令人满意和确切不移的理由是：如果我们把一桶没有醇熟因而要对它加一些变化或改变一下性质的酒保存起来，那么在一年终了时便会增加价值。但如果我们把一桶已经醇熟的酒保存起来，尽管保存一百年或一千年也不会对它产生所想望的或有益的效果，那么这酒就不会增加一文钱的价值。看来这就无可争辩地证明酒在存窖时期内所增加的价值不是时间的报酬，而只是它所受到的影响或改变的报酬。时间本身不能产生任何效果，而只是让真正有效的原因可以有发生作用的余地。这样说来，时间便显然与价值

① 《政治经济学原理》(*Principles of Political Economy*)，第3部，第313页。

无关了。”①

关于这一段话，首先要指出的是：就麦克洛克先生为了说明他的命题而必须赋予劳动一词以新的意义来说，在这段话里所说的问题并不是主要问题。他承认，酒所增加的价值如果不是自然作用在这一年中使其性质改良的结果，就是资本家将五十镑资本存置一年不用于其他用途而获得的利润。但不论是在哪种情形下，麦克洛克先生的用语都是完全没有根据的。当他说“实际增加在酒上的劳动”时，谁会想到他所指的不是人类劳动，而是在贮藏期间自然过程在那一桶酒里面所发生的作用呢？这样一说之后，便立即对劳动一词赋予了一种新的意义。

李嘉图先生还有一句话非常有道理，他说：当自然的力量取之不尽用之不竭，可以随意使之发生作用时，其工作永远是不取费的。自然的过程虽然可能使作用对象大大地增加效用，但却不能使它增加价值。

这一真理麦克洛克先生本人也完全接受了，而且还曾加以强调。他说：“自然界的一切原始产品和生产力，都是无代价地供应给人的。自然界并不悭吝，也不小气，它的赐予从不要求也不接受相应的报酬。某些物品根本无须费任何劳动就可以取得或可以使之适应于我们的用途，却可能具有极高的效用。但由于这是自然无代价的赐予，所以便完全不可能具有任何价值。”② 前述的例子中在贮存期间对那桶酒发生作用的过程无疑是自然不取代

① 《政治经济学原理》(*Principles of Political Economy*)，第3部，第313页。

② 同上书，第2部，第69页。

价的赐予，可以为每一个需要的人服务；因此，其效果纵使比实际的效果大十倍，也丝毫不能增加酒的价格。正如麦克洛克先生所说的，如果不能由保存得到改良，那么贮存一百年以至一千年也不会多值一文钱，这无疑是千真万确的事实。不过这一点所证明的只是：在那种情形下，贮存酒的人都只会贮存到便于销售或消费所绝对必需的时间，而不会有任何人贮存得更久。

酒贮存后得到改良，无疑是被人贮存的原因。但酒商因此贮存酒后所能增加的价格，完全不是由酒的平均改良程度这一原则规定的。正如李嘉图先生所说的，这种价格完全是由用来保存酒的资本实际投入生产时所能提供的平均利润规定的。增加的价格不受平均改良程度的规定，而受这一原理的规定，这是十分肯定的事实。因为大家都会承认，在麦克洛克先生所假定的情况下，如果一般利润率是百分之二十而不是百分之十，那么价值五十镑的一桶新酒保存一年后所增加的价值便是十镑而不是五镑；虽然在两种情形下，酒的改良和自然的过程都完全一样。同时正如我在前面所说的那样，如果酒的品质保存一年以后，一般的改良程度比现在大十倍，其价格也不会增长，这一点也是毫无疑问的。因为如果像这样增长的话，那么出售陈酒的酒商所获得的利润便会比其他商人大。

陈酒所增加的价值，是从构成该价值的附加利润上得来的，其量由垫支资本的时间和一般利润率决定，这是再明显不过的事实。

百年大橡树的价值，在很大程度上也是从同一原因中得来的，虽然在富饶和已垦殖的国家中，地租必然会形成其价值的一部分，唯有在这种地方，这种橡树才能值二十五镑。

如果用人工种下为培植一株良好的橡树平均所需的橡实，那么这些橡实就会被种在已经占用的土地上。由于土地数量有限，而具有橡实的人和具有一桶酒的人不同，后者全都可以使自然过程发生作用，而前者则不是人人都能使土地的植物生长力发生作用的。但如果把这部分价值抛开不谈，假定橡实费了一定的本钱种下了；那么其余的价值便显然几乎全都是从起初种植橡实和往后保护树苗所需垫支的劳动所产生的复利或利润上得来的。因此，橡树的最后的价值中，利润造成的部分便比酒最后价值中的这种部分要大得多。

如果我们把一棵价值二十五镑的橡树和一堆价值也是二十五镑，但主要由人类劳动构成的铁器相比；如果说这两种物品之所以具有相同的价值，是由于其中所包含的劳动相等，那么根据一般的说法说来，我们便分明撒了一个大谎。除非是变一个戏法，让劳动一词具有一种新意义，否则这话便不可能正确。但如果说，劳动等于利润、发酵过程、植物生长力或地租，那我就认为这话正和把果核说成梅子一样没有道理。

不过用劳动来衡量利润就完全是另外一回事了。亚当·斯密经常把工资、利润和地租截然分开，提到其中的一个名词时，绝不会想到同时还会包括另一项在内。但他说："劳动不但能衡量商品价格构成部分中可以分析为劳动的那一部分价值，而且能衡量可以分析为地租与利润等部分的价值。"[①] 这话是十分正确的，而

① 《国富论》，第1编，第6章。

用劳动来衡量商品由利润所增加的价值，便尤其是最自然和最明显的事情；因为利润是根据垫支资本的百分比计算出来的，而原先加入大宗商品中的主要垫支则是必要量的劳动。[①]

因此，如果将一百天的劳动垫支一年，以便生产一种商品，利润率是百分之十；在这种情形下我们就不可能说得那样准确，认为商品由于利润而增加的价值可以按实际消费的劳动加上百分之十（或任何其他利润率）计算，并说制成品出售时所值的是其中包含的劳动量外加十个工日的劳动。从另外一方面说来，如果我们不知道利润率而发现一百天的劳动垫支一年以后所生产的商品一般出售的价值是一百一十天的劳动，那么我们就可以有把握地得出结论说，一般的利润率是百分之十。

如果我们把两件各花了一百天劳动的商品加以比较，其中的一件可以被立即送上市场，而另一件则要经至少一年的时间才能被送上市场，那么我们显然就不能说它们仍将根据各自所包含的劳动量互相交换。我们显然会说，它们互相交换时所根据的是各自包含的劳动量加上利润量。而且因为利润在实际消费的劳动量上增加了十天的劳动的价值，于是其中的一件便会比另一件的价值高百分之十。至于另一件商品，则由于没有利润在内，所以价值便只和实际所包含的劳动价值成比例。

一般说来，我们只要稍微看一下周围的情形，就一定会相信商品除去地租和税收以后，一般并不根据其中所包含的人类劳动

① 我们始终必须记住，垫支一定工作日的劳动，就必然牵涉到支付工资的问题，不论工资量变化多么大都是一样。但主要的垫支是劳动量而不是货币或谷物量。

量互相交换；同时，这样的观察也会使我们相信，商品像上面所说的那样除去地租和税收以后，的确一般都是按照其中所包含的人类劳动和利润互相交换的。此外，商品中所包含的人类劳动量加上垫支资本在垫支期间的利润所构成的总合量，刚好等于像这样构成的商品所能支配的同一种人类劳动量。

因此，我们便必须十分仔细地区别"以劳动衡量利润"和"利润就是劳动"这两件事。前者显然是有根据的，而且可能极为有用；而后者则不得不认为和名词用法的一切最明显的规则相冲突。它违反了一般谈话中的习惯用法，它违反了政治经济学的最高权威，它使一切解释都遭到困难，而且它也无法前后一贯地运用。

麦克洛克先生著作中还有许多其他的例子，说明他对于一切哲学讨论中十分重要的问题——运用适当的和前后一致的定义问题——未曾注意。我往后都只打算谈他对实际一词的用法。他在两种完全不同的意义下把这一名词用在工资上面。

在第3部第294页上，他说："如果工资率的变化是实际的而不是名义的，也就是说劳动者从自己的劳动产品中所得的份额有增减，或价值不变的货币量有增减；这种情形就不会发生。"麦克洛克先生在这里把实际一词用在工资上时，意义显然是比例工资，也就是和李嘉图先生的用法相同。

在第3部第365页上麦克洛克先生又说："如果劳动生产率降低，那么比例工资就会上涨，尽管实际工资或归于劳动者的劳动产品绝对量可能减少。"在这里，实际工资一词被用作劳动者所占产品的份额绝对量的同义语，也就是和亚当·斯密的用法一样。

前面已经说过，亚当·斯密把实际工资一词用于劳动者所获得的产品绝对量，似乎是最自然的用法。李嘉图先生把同一名词用于劳动者所获产品的比例，这就极不自然了。因此麦克洛克先生采用比例工资一词来表达李嘉图先生的意义，是完全正确的；但他为什么不坚持使用这一名词呢？他为什么在某些地方把实际工资当成比例工资，而在另一些地方所指的却又是完全另外一回事呢？

把实际一词用在价值方面时，麦克洛克先生采取的是李嘉图先生的意义。他诚然说过："李嘉图先生十分明智地区别了商品生产所需的劳动量和商品所能交换的劳动量；并且证明前者无可否认是商品实际价值的正确尺度，一般说来也是商品交换价值的正确尺度。后者不是一个相等的命题，而且往往和前者对立，因之便是完全不正确的。他这种明智的说法使政治经济学得到了一个最大的改进。"①

如果李嘉图先生对政治经济学的贡献主要竟是建筑在这里所说的这种脆弱的基础上，我可不禁要深感惋惜了。我们已经看到，麦克洛克先生本人要维护这一基础时，也不得不完全改变李嘉图先生的语意。

这一点在麦克洛克先生那本书的许多段落中，都可以明显地

---

① 《政治经济学原理》（*Principles of Political Economy*），第3部，第223页。麦克洛克先生在字面上虽然同意李嘉图先生的看法，实际上却背离了他，而基本上同意亚当·斯密的看法。他在这里竟能写出这样一段话来，乃是十分奇特的。根据麦克洛克先生赋予利润一词的新意义看来，生产商品所需的劳动量刚好等于该商品一般所能交换的劳动量，而绝不等于李嘉图先生所说的加入商品中的劳动量。

看出来。比如在第2部第216页上关于价值的一节中他说："假定取得任何物品的劳累和麻烦，就是它实际价值的尺度，或者是所有者对该商品的估价的尺度。"在第219页上，他又说："商品的实际价值，或所有者对该商品的估价，是由生产或取得它时所需要的劳动量来衡量或测定的。"

在这两段话中，他显然把商品的实际价值和所有者对它的估价混为一谈了。但在这种情形下，实际一词是不是必须根据亚当·斯密的用法而不根据李嘉图先生的用法运用呢？比方说，一种商品必须支付利润，因而售价高于所含人类劳动百分之十；另一种商品则所用劳动价值没有由于支付利润而增加百分之十，我们难道能说前者的估价不比后者高吗？后者如果要付出一百天的劳动才能取得，前者难道不绝对必须付出一百一十天的劳动或某些与此相等的东西才能取得吗？因此，如果认为商品的真实价值和它所得到的估价是同义语，那么这种价值就必然要由它所能支配的劳动量来衡量，而不能由它所包含的劳动量来衡量。

于是麦克洛克先生对李嘉图先生的主要命题[①]便做了这样一种叙述："在我们现在所假设的市场的情况下，即，当市场不受真实或人为垄断的影响，而商品供应也等于有效需求时，一定量劳动所生产的商品就会始终能交换或购得等量劳动所生产的任何其他商品。"

如果劳动一词的意义和李嘉图先生的用法一样，那么这一命题便和普遍的经验相冲突。但如果认为劳动一词包括利润在内，

① 《政治经济学原理》(*Principles of Political Economy*)，第3部，第1节，第221页。

那么这一命题就是正确的。这种说法之所以正确，只是由于毫无根据地歪曲了名词，从而使它和李嘉图先生的命题完全不同了。

因此，整个看来，麦克洛克先生虽然一再把亚当·斯密比之于牛顿和洛克，但关于名词的定义和用法方面却几乎在一切最重要的政治经济学问题上都和亚当·斯密不同。比如关于财富、资本、生产性与非生产性劳动、利润、单纯的劳动和实际价值等名词的定义便都是这样，只是关于最后一个名词差异是他自己那样说的，而不是实质的。[①]

我不论怎样尊重亚当·斯密的权威意见，也不论大大地更改名词的含义起初一定是怎样不方便，但只要能看出这种改变实质上有助于政治经济学的解释和改进，我就绝不会反对。但经过仔细考虑以后，我个人坚决认为，对于解释国富的影响因素与性质（更新但并不更恰当的说法是财富的生产、分配和消费）来说，它们都显然是毫无用处的。

我对麦克洛克先生素深景仰，所以不能认为他在这许多问题上和亚当·斯密意见有分歧，目的是想使他的著作更富于创造性的气派。这种感情无疑往往会起赞成改变的作用，但在这一情形下我却认为不是这样。我的看法毋宁是：他之所以采用这一切，是由于看到亚当·斯密的定义受到了某些反对；然而他又没有充分认识到，在严格性较差的科学中，定义遭到反对是再容易不过的事，而要找到一个无懈可击的定义来代替，却又难如上青天。

① 对于一个名词提出特殊用法的人，实际上就是在那种意义下对这名词下了定义。麦克洛克先生有时把已往一直认为是利润的东西当成劳动；有时又用不加任何形容词的劳动一词，来指发酵过程、植物生长力或利润。

目前用来代替亚当·斯密原有定义的新定义，究竟是否消除了麦克洛克先生所认识到的反对意见，我不敢说。但即使假定这一点已经做到了，我也有把握肯定这些定义还留下了其他许多大得不可比拟和麻烦得不可比拟的反对意见。关于这一点，愿意仔细研究这些问题的读者最好是慎重而又公正地探索一下采用麦克洛克先生的定义时，究竟会在政治经济学的解释和实际应用方面产生一些什么后果。这些定义诚然并不都是他自己的。然而我个人认为：把资本一词的含义像那样奇特地扩展；对直接生产性的消费和仅仅是间接有助于生产的消费不加区别；把劳动一词的含义不加任何形容词就予以扩充，用来指利润、发酵过程和植物生长力；都完全是出于麦克洛克先生的手笔。我认为人们将发现这些定义比其他任何东西都更显然地会在政治经济学中引起疑窦和混乱。

有些最知名的著作家往往是创新而无补于改旧，对于事实异常不注意。这样就必然会造成意见分歧并使结论不能肯定。上述两种情形是政治经济学近来遭受一些非议的主要原因。这事虽令人遗憾，却也不足为奇。

当我国所有的商人和其他国家的许多商人都认为极难运用资本获得普通利润时，却又有人一再告诉他们：根据政治经济学原理说来，资本只要是用来生产恰当的物品，就不难加以运用。他们所遭受的任何萧条都完全是由于运用资本错误，例如“生产没有人需要的棉布，而又不生产有人需要的宽幅黑呢等”[①]。同时

① 《政治经济学原理》(*Principles of Political Economy*)，第2部，第189页。

他们还会听到庄重的保证说，如果他们发现自己的生产品交换所需物品有困难时，“办法也显然是现成的：他们可以不生产人家所不需要的商品，而直接生产人家的确需要的商品或其代用品”[1]。听到这种安慰人心的建议的商人，也许希望自己按普通利润率投资后所取得的收入能为自己的女儿延聘一位家庭女教师，并送儿子上中学和大学。

在这种情形下提出这种说法和补救办法，在我看来就无异于在人们被雨淋得透湿的时候根据一些假定的哲学原理推断说天不会下雨，并建议人们脱得一丝不挂，免得穿着湿衣服不舒服。这种推断与最明显的事实完全相反，这种补救之道也是荒唐绝伦的；如果这一切在一个文明国家[2]中竟据说是政治经济学原理所主张的，那就难怪许多人会不相信这些原理了。只有在知名的政治经济学著作家的理论不再和一般的经验直接冲突，而政治经济学教授又更加注意，不再创新而无补于改旧，因而使得这门学科比较稳定时，这门学科才可望在社会中发生普遍影响；在其原理正确时，这种影响是极有实用的。

① 《政治经济学原理》(*Principles of Political Economy*)，第2部，第190页。

② 对于这种补救之道，我只得承认自己词汇不够，无法表达自己的惊讶。当一个人陶醉于自以为重要而新颖的发现时，偶然说得鲁莽一点也是可以原谅的。但在一个文明国家中竟然有这么多著作家前后相承地一再提出这样一种直接牵涉到停止劳动分工的办法，而且认为显然是补救利润陡跌的办法，我个人就完全不能理解了。如果说具有宽幅黑呢的人想用它们来交换丝绸，那又是怎样奇怪而又不恰当的例证！谁听说过生产某种大宗商品的人会希望取得另一种制成品作为相等的替代物呢？如果他要生产自己所需要的东西，那便一定不是丝绸，而是原料、工具、谷物、肉类、衣服、帽子、鞋和袜子等，而这却是生产过剩时现成的明显办法！！！

第八章　论《价值的性质、尺度与影响因素的评论》一书的作者关于名词的定义与用法

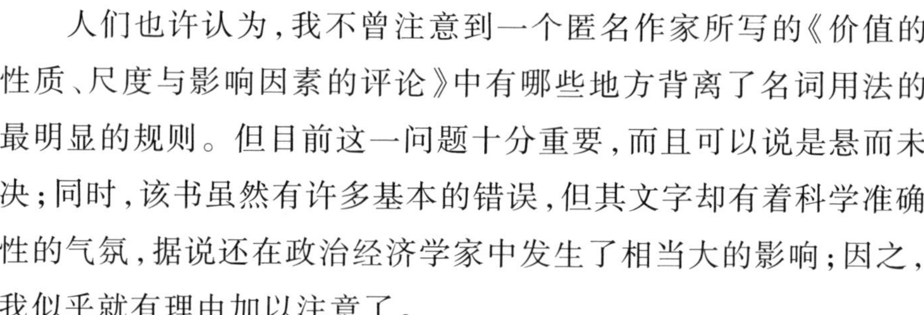

人们也许认为，我不曾注意到一个匿名作家所写的《价值的性质、尺度与影响因素的评论》中有哪些地方背离了名词用法的最明显的规则。但目前这一问题十分重要，而且可以说是悬而未决；同时，该书虽然有许多基本的错误，但其文字却有着科学准确性的气氛，据说还在政治经济学家中发生了相当大的影响；因之，我似乎就有理由加以注意了。

该书作者在前言中指出："政治经济学著作家对于价值一词一般都满足于一个简短的定义，而且满足于把这名词所说明的性质分成若干类，并进而或多或少地随便应用这一名词。他们都没有清楚地说明这一名词所表达的概念究竟有什么性质，也没有说明充分认识这一名词的意义后会直接得出一些什么推论。在基本问题上这样一疏忽，就使意见上发生了本来绝不会存在的分歧，并使思想上发生了本来绝不会存在的困惑。"①

① 《价值的性质、尺度与影响因素的评论》(*A Critical Dissertation on the Nature, Measure, and Causes of Value*)，前言，第5页。

在我看来，这位作者刚一出马就显然犯了他在上面所指责的错误。

他在一开头非常正确地指出："价值的终极意义似乎就是任何物品所得到的重视。"接着他又用极其马虎和前后矛盾的方式说："物品唯有被放在一起看成选取或交换对象时，对价值的明确观念才会产生。唯有这样看待物品，我们对于某一物品的重视或占有的愿望才会等于、大于或小于对另一物品的重视。比方说，这种重视可能大一倍，也就是说，我们愿意用一件前一种物品换两件后一种物品。当我们单独看待物品时，也许会感到很大的喜爱或羡慕，但我们的感情却无法用任何确定的方式表达出来。但如果把两件物品当成选取或交换的对象，我们似乎就有办法正确地表达我们的感情。比方我们说，根据我们的估计看来，一件 a 等于两件 b，……于是 a 的价值便由交换对象 b 的数量表示出来了；而 b 的价值也同样由 a 的数量表示出来了。"①

因此，如果价值的意义是物品所得到的重视程度，那么看来就会得出这样一个结论：一个国家中如果有 a、b 两种果品都是夏天丰富、冬天稀少，而彼此在冬夏两季中的关系又相同，那么居民对于果品 a 的感觉就会以下述方式准确地表达出来，即由于 a 永远能支配同一数量的果品 b，所以就将始终具有同一价值；也就是说，它在夏天和冬天都将得到同样的估价。

此外，一个国家中如果只有鹿而没有海狸和其他产品与之相比较，虽然居民对鹿具有很高的估价，任何人都愿意走出五十英

① 《价值的性质、尺度与影响因素的评论》，第1章，第3页。

里外去取得一头，但对于鹿的明确的价值观念仍不可能在居民中产生!!这种结论的确很奇怪，但却是从上面的说法中直接推论出来的。

然而那位作者毫不感到畏缩，往下接着又说：“如果人们由于一种或多种理由，对 *a* 的看重高出 *b* 一倍，并愿意按这一比例交换这两种商品，那么我们就可以正确地说，*a* 具有支配两个 *b* 的能力，而 *b* 则具有支配半个 *a* 的能力。”

“亚当·斯密有一条定义说，一件物品的价值就是具有该物品后所得到的购买其他商品的能力。根据上面的说法看来，这一定义便基本上是正确的。由于它明白易懂，所以无须进一步做抽象的探讨就可以用作我们往后推理的基础。”[①]

在《价值的性质、尺度与影响因素的评论》中，开篇就满口抱怨已往的政治经济学家没有注意做出必要的基本工作以充分阐明价值的意义。因此，人们自然就会预计，在作者没有最后决定价值一词在该书中通篇运用的意义以前，应当会仔细观察一下人们选取一种物品而不选取另一种物品，或用两个 *b* 交换一个 *a* 时，究竟考虑了哪一点或哪几点，然而他并没有这样做。往后他清楚地说明，亚当·斯密对物品价值的定义是需要加以解释和修正的，但在这里却武断地被接受下来了。用作者自己的话来说，便是：“无须进一步做抽象的探讨就可以用作我们往后推理的基础。”

亚当·斯密对交换价值所做的这一初步的一般叙述，如果不做进一步的解释，就无法使读者认识到他本人赋予这一名词的主

① 《价值的性质、尺度与影响因素的评论》，第1章，第4页。

要意义。这一点从他的那部书的许多段落中都可以清楚地看出来，当他精心地探讨已往四百年的白银价值时，情形尤其如此。他在这里以最完满的方式证明：在耕种发展和土壤改良的过程中，牛、木材、猪、家禽等这类商品都由于相对说来变得稀少和难于取得，其价值必然会增长。但他又特别指出，上述各种商品价值的增长都与白银价值的跌落无关[1]；纵使其他条件相同而一磅白银所具有的购买力显然减小时，情形也是这样。

关于价值的这种一般叙述，还需要进一步解释，这是再清楚不过的事情。一种物品购买其他物品的能力，由于本身稀少和日渐不易购买而得到的增长，跟由于被购买商品数量增多或日渐易于购买而得到的增加，是不可同日而语的。对于一般所理解的价值说来，我们很难想象任何其他区别比这一区别更富于关键性，"对于充分阐明价值的意义"说来，也很难有其他区别比这一区别更加必要。

因此，我不得不认为，就这问题的一切情形来看，这位作者不做进一步的考察就接受亚当·斯密的定义，是没有道理的。

这位作者像这样粗率地接受这一定义，和前言中所表明的态度是完全不相符合的。而且像这样一本书预计应当使政治经济学得到的改进，也由于采用这一定义而完全没有希望了。但这一问题还不是他在开宗明义时所犯的最严重错误。

亚当·斯密的定义就其原有情形看来，是不完整的，但如果采用最普通的说法以含蓄的方式提到某类的标准，而原先又没有采

① 《国富论》，第1编，第11章。

取其他更正确的标准，那么他的定义仍然可以作为一种粗略但却有用的价值标准。

但亚当·斯密的这个定义究竟应当怎样解释呢？如果我们按其中的名词的一般用法来理解其意义，那我们就不可能怀疑，购买其他商品的能力是泛指购买一般其他商品的能力。谁又会事先想到这位作者竟根据这一定义推论出自己有理由把购买其他商品的能力说成是购买首先遇到的任何一种商品的能力呢？这样说来，我们谈到我国货币价值与其一般购买力成比例时，便可以毫无问题地说，一盎司白银的价值和它所能支配的苹果量成比例；当它所能支配的苹果增多时，白银的价值就增长；当它所能支配的苹果减少时，白银的价值就跌落。

把任何两种商品加以比较来看它们的交换价值，无疑是完全可以的；白银和苹果也是这样。一盎司白银的价值用苹果计算时，是它所能支配的苹果量；这话在一般情形下听起来很奇怪，但我们仍可以这样说，只要在价值一词的后面像这样紧接着用修饰语“用苹果计算”，使读者清楚地认识到我们不是根据亚当·斯密的定义来泛论白银的交换价值，而只限于它对某一特殊物品的关系这一非常有限的意义。如果不向读者交代这一点，而只简单地说，一盎司白银的价值由它所能交换的苹果量表示；或者用那位作者的话来说：“于是 *a* 的价值便由交换对象 *b* 的数量表示出来了”；那么十分明显，我们运用价值一词的方式是不合前一定义的规定的；也就是说，我们的用法和作者所采用的亚当·斯密的定义中的用法完全不同。

一个国家的谷物和流通媒介对劳动和各种商品的生产成本

的关系，是比较为人熟知的。我想除开这两类物品以外，在一般谈话中提到一般购买力时，是不会用购买某种特定商品的能力来表示的。至少就我个人所能记忆的情形来说，我还没有听到过这两种完全不同的意义被混淆起来。如果有人从印度回来，人们问他印度的货币价值如何，他却根据一定量的货币能交换多少英国宽幅黑呢而推论说，印度的货币价值比英国低，那便是非常奇怪的说法了。

至于说到其他政治经济学著作家的意见和习惯，他们大多数都认为一般购买力和购买某种特定商品的能力是根本不同的，因而便对两种购买力赋予完全不同的名称。这位作者引证的权威中唯一得到他称许的是托伦斯上校。他说他认为托伦斯关于价值的性质的看法比其他任何著作家更正确。然而托伦斯上校关于这一问题究竟说了些什么呢？他说："交换价值一词所说明的是对一般商品的购买力。价格一词所说明的则是对于某种特定商品而言的同一购买力（该商品数量已定）。因此，当我说棉花的交换价值增长或跌落时，意思是指它所能购买的谷物、酒类、劳动和其他可出售的商品的量增多或减少。但当我说棉花的价格增长或跌落时，所指的就是它所能购买的谷物、酒类、劳动或货币等之中某一种特定商品的量增加或减少；这种特定商品有时是言明的，有时是心中有数的。在价格跌落时，交换价值可能增长；而在价格增长时则又可能跌落。比方说，假如棉花购买一般商品的能力不论由于什么原因而比已往增加一倍时，表示棉花价格的特定商品——黄金——的价值增长的比例却更高，在市场上的购买力等于已往的四倍；那么棉花的交换价值虽然可能增加一倍，它

的价格却可能跌落一半。再打个比方说，棉花所能购买的一般商品只等于原先的一半时，它所能购买的谷物、酒类、劳动或货币等特定商品却增加了一倍。这时它的交换价值便跌落了一半，而用谷物、酒类、劳动或货币表示的价格则增加了一倍。假如在第三种情形下，棉花和表示价格的特定商品彼此按同一比例增长或跌落，那么棉花的交换价值或其一般购买力便会波动，而其价格则维持不变。"①

由此看来，不论托伦斯上校对价值的看法是否完全正确，他总是最清晰地区分了一般购买力和购买特定商品的能力。他肯定地认为，后一种意义，也就是作者运用价值一词时所指的意义，应当被称为价格而不应当被称为价值。关于这一问题，作者认为托伦斯上校的权威意见是十分正确的，然而却正好和他自己的看法完全相反。

这位作者在他的著作中绝大多数的地方运用价值一词时，不但和托伦斯上校赋予该词的意义完全不同，而且他在注释② 中还引证了几乎所有的知名政治经济学家的说法，声明这是为了证明一般关于价值的性质与尺度的看法普遍和他直接相反。他所提到的著作家有亚当·斯密、詹姆士·斯图亚特爵士、劳德达尔勋爵、斯托克先生、萨伊先生、李嘉图先生、我个人、托伦斯上校、马塞特夫人、密尔先生、《斯卡卡里奥对话》(*Templar's Dialogues*)的英译者和布赖克先生等人。

① 《论财富的生产》，第1章，第49页。

② 同上书，第1章，第242页。

关于可做逻辑证明的命题，权威意见是没有什么重要性的。但关于特定名词的意义问题，居然有人贸然地不理会权威的意见，便是令人难于相信的事。

如果对价值一词的含义所提出的改变能使政治经济学用语更加清晰而严格，因而特别有助于这一学科的进展，那么即使有不少矛盾和不合逻辑的推论，并且有不顾权威的地方，也都是可以原谅的。

如果我们采用这位作者赋予价值一词的意义，并且根据他自己的话承认，“于是 a 的价值便由交换对象 b 的数量表示出来了，而 b 的价值也同样由 a 的数量表示出来了”[①]，其后果又会怎样呢？作者在“实际价值与名义价值”（他一高兴，把这种分别说成是毫无意义的）一章中所说的下一段话就鲜明地说明了其中的一种后果：“一种商品的价值说明的是它与其他某种商品的交换关系，我们可以称之为该商品的货币价值、谷物价值或棉布价值，随着与之做比较的商品而定。因之便有千万种不同的价值存在；有多少种商品就有多少种价值，这些全都同样是实际的，也同样是名义的。”[②]

这倒是太精确了。我绝不是说，政治经济学著作家关于商品价值一词的精确意义在不明确提出比较对象时，大家都具有完全一致的看法。然而他们在商品的实际价值和名义价值之间画出一条明确的分界线（更正确地说，是在价值与价格之间画

① 《价值的性质、尺度与影响因素的评论》，第1章，第3页。

② 同上书，第2章，第39页。

出一条明确的分界线)之后,就避免了一种商品同时具有千万种价值所造成的一团糟的状况。当他们单独运用商品的价值一词以说明其增长或跌落时,如果所指的不是货币价格,那么他所指的要不是一般的购买力,便是能表示商品原始生产成本的某种东西。

这两种情形都说明了某种普遍而十分重要的情况。但作者所理解的商品价值,却可能用上百种不同的表示法以后仍无法对探讨这一问题的人提出一个合理的答复。

此外,在作者所了解的意义下运用价值一词,也是完全叠床架屋。它和价格一词的意义完全一样,只是价格一词有一个地方显著地优越于价值这一名词,也就是说,提到商品的价格而不明确提出作为估价标准的另一种物品时,政治经济学家普遍同意这是指的货币。这对于价格一词说来是特别有利的,不但可以大大地使政治经济学的用语更加方便,而且也可以大大地使之更加精确。如果我问波兰小麦的价格是多少?谁也不会怀疑我的意思是什么,我也一定可以获得所需的答复。但如果我问,波兰小麦的价值是多少?根据作者的说法,我就可能得到成千上万种不同的答复;这些答复都同样是恰当的,但没有一种是我所需要的。当然,不论是用价格还是用价值,如果我每一次都把自己所指的对象明白地补充出来,那么用哪一个名词便完全没有关系了。但是如果叫一般公众经常服从这样一个没有必要的绕弯子的说法,那便是完全办不到的。这样便会完全改变政治经济学的用语。根据该书作者的理论,运用价格一词所得到的省略说法在价值方

面便不可能得到。因为当我们把商品的价值一词像商品价格那样单独运用时，用来表示这种价格的物品便不会有一种比另一种更好。该书作者在一个注里[①]说得很清楚：货币价值并不比其他任何一种价值更能适用价值这一笼统名称。因此，显而易见，如果只按该书作者的用法来运用价值一词，那么我们最好是把它立即当成毫无用处而只能引起混乱的名词从政治经济学中排斥出去。

还有一点要指出的是，该书作者应用价值一词时所表示的意义，和一般谈话以及最优秀作家所理解的意义完全不同，以致绝对无法前后一致地运用。他本人有时似乎非常固执，坚持要用他对价值一词所赋予的特殊意义，但也仍然经常单独使用这一名词而不提及用来表明这种价值的任何特定物品。甚至在许多章节的标题中，他也是这样做的。比如，在第11章中他讨论价值与财富之间的区别以及在第11章中讨论价值的成因时，我们就可以说他没有根据自己对旁人提出的做法以明确或隐含的方式告诉我们，这里所提的价值要用什么物品表示。

虽然他认为像这样以明确或隐含的方式指出表示价值的物品永远是有必要的，而且还特别说，“在前面几页中已经说明商品的价值只有用与之相交换的其他商品量才能表示”[②]，但是他在讨论可以产生地租的土地所生产的谷物的价值以及他经常提到

① 《价值的性质、尺度与影响因素的评论》，第3章，第58页。

② 同上书，第8章，第160页。

的资本价值时[1]，却没有告诉我们他准备用什么来表示谷物或资本的价值。

由此看来，他赋予价值一词的意义，连他自己也不能而且没有始终一贯应用，因之就更不能希望别人这样做了。

看来该书作者是武断地对价值一词采用了一种意义，这种意义在一般谈话的习惯用法中完全没有根据，和最优秀的政治经济学著作家的权威意见直接冲突，而且也显然绝对没有用处；它带有完全无法前后一贯地加以应用的性质。

他像这样采用了这一定义之后，究竟用它做了一些什么呢？

他用这一定义来测验许多著作家所提出的一些命题是否正确。根据他自己的说法来说，这些著作家应用这一名词时含义是完全不同的。

我个人认为，这就正好像是一个人对直线下定义时，说它根本不同于两极点之间的一条平线，然后又郑重其事地用这一定义来逐条地衡量欧几里德的命题，并证明（这是很容易办到的）只要承认他的定义，这位希腊几何学家的结论便完全错了。

作者郑重其事地始终坚持把他关于价值的特殊定义应用在对这一定义说法不同的著作家身上，这种做法的确是非常奇怪的

---

① 见《价值的性质、尺度与影响因素的评论》，第11章，第194、224页。托伦斯上校与密尔先生之间有一个争执之点，即“商品的价值是否以资本为最后的标准”。关于这一问题，该书作者反对密尔先生，但肯定是没有理由的。密尔先生认为，如果说商品的价值是由生产所用的资本的价值决定的，那便丝毫无助于商品价值要素的分析；他这种看法不可能有错误。但资本价值应当怎样衡量的问题却仍然存在。至于该书作者在第202页上对资本量所做的叙述，则除非这量是用货币衡量，否则就完全不可能用作标准；然而用货币衡量则又使问题的性质完全改变了。

事情，而且也不得不认为是大大地浪费时间和精力。他说他曾一再指出，“要想知道一种物品在任何时期中的价值，只要知道它和其他某种商品的交换关系就行了”[①]。我个人相信，已往的著作家谈到某一商品在任何时期的价值时，从没有想到或说明这种价值可以不加区别地用它与同一时期的其他商品的交换关系来表示。情形果然如此，我们无须再多费事就可以立即认为，在这种标准下，已往一切涉及价值一词的命题不是错了就是废话。所以他也完全无需研究细节内容。不过他既然已经研究了，那么我们把他的结论研究一下，也许是有好处的，因为这样就有助于使我们注意到政治经济学的许多困难中没有得到充分考虑的一个根本问题。

作者的定义所产生的第一个效果，是消灭了许多极富权威的著作家所谓的实际价值和名义价值的区别。我在前面已经说过，亚当·斯密用实际工资一词来说明劳动者所赚得的生活必需品与享用品以后，就使自己无法前后一致地把实际一词用于商品价值，以便说明其支配劳动的能力。因为大家都知道，等量的劳动在不同的时间和不同的条件下所能生产和支配的商品量是极不相同的。目前我们姑且把亚当·斯密这一公认的矛盾撇开不谈，而根据将实际价值与名义价值两词区别运用的著作家的意见把这两种价值区别开来；这样，该书作者对这些著作家的评论就十分奇特了。

他在评论了亚当·斯密、李嘉图先生和我个人关于实际价值

① 《价值的性质、尺度与影响因素的评论》，第6章，第135页。

和名义价值的说法之后指出："在前一章中正式讨论过价值的性质以后，像这样区别价值就必然可以看出只是武断性的，而且也不能有任何用处。如果说，价值用一种方式衡量时是实际的而用另一种方式衡量时又是名义的，试问这究竟说明了什么情况呢？关于这一问题的说法又取得了什么进展呢？"① 往后谈到《斯卡卡里奥对话》中的一段文字时，他接着又说："价值永远必然是指以某些物品表示的价值。除非是指这种东西，价值一词就不可能说明任何问题。如果作者注意到这一个简单的事实的话，这一段话也许就不会写出来了。由于名义与实际这两个名词并没有在这方面说明任何问题，所以就不能确切地说明任何情况；并且由于它们的意义是武断的，所以就可能引起不断的争论。"②

我个人认为这是非常奇特的评述。我们的确必须承认，把商品和其他大宗商品或原始生产成本相比较，跟把它和某种特定商品做比较，是根本不同的。情形既然如此，著作家在说明自己的意义时，就当然要向读者说明他所指的究竟是两者之中的哪一种。这些著作家是否刚好选用了最好的名词来表达这一概念，这是另一个问题，但概念本身是完全不同的，在政治经济学的用语中也必须用不同的名词来加以区别，这一点不能容许有任何怀疑存在。因此，在我看来，作者说出下面一段话差不多是不可理解的："如果说，价值用一种方式衡量时是实际的，而用另一种方式衡量时则是名义的，试问这又说明了什么情况呢？关于这一问题

① 《价值的性质、尺度与影响因素的评论》，第2章，第58页。

② 同上书，第2章，第39页。

的说法又取得了什么进展呢?"我们也大可以说,谈到我们这一行星系统时,如果用不同的形容词来说明距离这一名词,以便区别行星与太阳以及行星互相之间的距离的话,也完全没有说明任何情况。如果大多数著作家都惯于把第一种距离称为实际距离并把第二种称为相对距离;那么,如果说由于所有距离都是相对距离,像这样把距离分为两种完全不能发生任何作用,那难道不是天下最奇怪的说法吗?

该书作者一再谈价值的相对性,就好像唯有他一个人才从这一角度考虑了价值。但我所知道的其他著作家运用价值一词时,在我看来都从没有不以明确或隐含的方式让人理解到他们是比照了另一种东西。该书作者在上面引述的一段文章中说,价值必然永远意味着以某种应当指明的物品表示的价值,而实际与名义两个词儿却没有在这方面指明任何意义。我认为他所说的话完全没有根据。比方说,该书作者在注解中[①]引证萨伊先生的一段话说:"价格的实际与相对变化是有区别的。前者是生产变化的改变所引起的价值的变化,后者则是某种特定商品与其他商品价值比例所引起的变化。"如果说,这里所指的实际与相对价值没有全部比照其他对象,这些对象的差异并没有达到需要区别的程度,那难道可能是正确的吗?

该书作者也许会说,如果两个词儿的含义都是相对的,那么为什么要用实际、肯定和绝对等字眼呢?答复是这样,我们语言的习惯用法允许这样用。当真实、积极和绝对等词关涉的是某

① 《价值的性质、尺度与影响因素的评论》,第240页。

些较为一般的对象，尤其是关涉到任何被定为标准的对象时，便不论这标准是否正确，都经常和相对一词对比，这是最为常见的用法。

因此，在上述例证中所有的距离诚然都是相对的，但我们仍然完全有理由说：当地球走向远日点时，虽然相对于其他以更大的速度离开太阳的行星和彗星来说，它和太阳的距离在减少，但其绝对的、肯定的或实际的距离却在增加。高和矮、富和穷都是相对的词儿。但我们却完全有根据说：彼得不但比自己的三个兄弟高，而且实际是或肯定是一个高个子。前一种说法是指他相对于三个人而言个子高。但一个陌生人如果不知道那三个人有多高，他从这句话里就很少能了解到什么情况。他不会知道彼得究竟是四英尺、五英尺还是六英尺高。但后半句话说彼得高是指他相对于所谈到的种族的平均或标准高度而言个子高。这位陌生人心中对这一标准虽然不会具有一个完全准确的概念，但他立即就可以想象出彼得的高度，其相差的程度不过是几英寸，而不会是几英尺。

同样的道理，如果有人一本正经地说：穷和富都是相对的词儿，如果不说某人相对于另一人而言富有时，就不可能说他富有，那岂不是最荒唐的话吗？大家都知道，在一个国家的某一地区说某人是个富人时，富有这名词所比照的是一种不严密的标准；它所表示的可能是他能支配一定量尘世物品，也可能指的是他在这方面比社会一般群众优越，而这种优越状况在一般习惯中却被称为富有。不论在哪种情形下，我们都可以说，从实际的或肯定的意义上看来，这人是一个富人。但如果我们采用作者所提出的变更，那么我们就不能说约翰•道先生是个富人，而只能说他相对于理查·劳先生说来是个富人，那么，由于可怜的理查也许比一个赤贫的贫民好不了多少，道先生的景况也许就很不妙了。

因此，我们显然可以看出，当我们所说的关系是对某种比较一般的对象或标准而言时，实际和肯定等词便可以正确地和相对一词对比使用；非但如此，这两类关系之间的区别是十分重要的，应当仔细分辨。如果一个定义破坏了这种区别，而且说有多少种商品就有多少种价值，这些价值既同样是实际的，又同样是名义的，那么我们就很难想象任何著作家会认为政治经济学的用语会由于这一定义而得到改善。至于其他一切的政治经济学家应用商品价值一词而没有特别指出用什么东西衡量的时候，我就始终认为自己有根据在符合其一般用法的情况下说他们是以隐含的方式比照大宗商品、相对于需求的供应状况或原始生产成本。当《价值的性质、尺度与影响因素的评论》的作者运用价值一词（他经常运用而不特别指出比照对象）时，他的一般理论就必然会使读者完全猜不到他的意思是什么了。

该书作者有一段话谈到《斯卡卡里奥对话》的英译者，这时他就像对待其他著作家一样，奇特地误解和歪曲原作者的用语。他说："他追随着李嘉图先生，似乎完全忘记了价值的相对性，而且正像我在前一章中所说的那样，他认为价值是肯定的和绝对的。"所以如果世界上只有两种商品，这两种商品由于某些条件而使生产所需的劳动比一般增加一倍，那么，虽然它们彼此之间的关系没有变动，它们的实际价值却可能同时增长。根据这种说法，任何物品只要生产所需劳动增加，价值就会增长。这一命题和下一真理是完全冲突的，即价值所说明的是商品互相交换时彼此之间所存在的关系。总而言之，这一理论把实际价值看成是劳动的独立结果。因此，劳动量如果在任何情形下增加时，实际价值就会增加。这样就会得出一个矛盾的说法，即 *a* 的价值（这里指的是实际价值）不断增长，而它所支配的 *b* 的量不断减少，是不可能发生的事，虽然这两种商品是仅有的两种商品，情形也是这样。因为我们绝不可能认为，作者有这样一种意思，即当 *a* 所能支配的 *b* 的量减少时，*a* 相对于第三种商品 *c* 来说价值可能增加。这一命题完全是不言而喻的，根本用不着坚持。但他的意思是，*a* 有一种完全不比照其他任何商品的所谓实际价值可能增加。如果把上一章中所指出的规则应用到这位作者的命题上，同时问他所说的价值究竟是以什么东西表示的价值，那么关于这一问题可能存在的一切真理便都会赤裸裸地表现出来了。往后他又补充说："价值必然是以某种东西表示的价值，或相对于某种东西的价值。"①

如果读者记得，写这段话的人一开首就说，价值最后说来似乎指的是对任何物品所得的估价，那么显然可以看出这段话是非常奇特的了。

首先，该书作者谈到这里所说的实际价值时，似乎说它与其他任何东西无关，他这究竟是什么意思呢？我们必须承认，《斯卡卡里奥对话》的英译者已经十分清楚地解释，当它说到实际价值时，他所指的是相对于生产劳动的价值。

其次，该书作者既然说商品的价值是它所获得的重视程度，

① 《价值的性质、尺度与影响因素的评论》，第2章，第40页。

我就要请问他：生产其他某种商品所需的劳动既是完全不知道的，可能是一天，也可能是一千天；那么我们比照生产该商品本身所需的劳动，是不是比比照其他商品能更无比地接近于表示该商品所得到的估价呢？

我已经说过，我和李嘉图先生的看法显然不同，因之和《斯卡卡里奥对话》的英译者当然也就不一样；他们认为商品的价值单单比照生产所需的劳动就可以正确地表示出来。但和《价值的性质、尺度与影响因素的评论》一书的作者提出来替代的说法相比时，却是优越得不可比拟的。比方说，我们不妨用该书作者本人所推荐的那种符咒把两种说法都碰一碰，试一试。假定问题是美洲银矿发现前的白银价值问题，让我们遵照作者的指示，问一问这是相对于什么东西的价值？《斯卡卡里奥对话》的英译者的答复是：相对于生产劳动的价值。在这一答复中，基本价值的一种物质构成成分虽然省去了，但我还能从这里面找出一些可以过得去的概念，说明当时白银所得的估价是什么。如果在比较之下，我发现现在生产所需的劳动比已往减少了两三倍，那我就可以大致肯定地推论道，白银比以前更丰富了。四百年以前一定量白银所得估价比现在要大得多，也就是说，那时人们为了取得这些白银所愿做出的舍让比现在大得多。

从另一方面说来，如果《价值的性质、尺度与影响因素的评论》一书的作者也来谈美洲银矿发现以前的白银价值，而我们又问这是相对于什么的价值，答复便会是这样："我已经一再说过，要知道某一种物品在任何时期中的价值，只要知道它和其他某种商品的交换关系就行了。"这样说来，我们虽然完全不知道十五世

纪取得白洋布的困难或便利条件究竟如何，但只要把白银和白洋布加以比较，就可以知道白银在那个时期的价值如何，或它所得到的估价有多大。如果我们像前面一样，提出白银在十五世纪和十九世纪这两个时期中与白洋布的关系，以便确定白银在这两个世纪中所得到的相对估价，那么，看来现在由于棉纺织机改良，一定量白银所能支配的白洋布必然比已往多了，白银所得到的估价因之也就应当认为比四百年前高。然而，我相信任何人都不会同意这一结论，连该书作者自己也不例外。他大概会说这种比较仅是白银与白洋布之间的比较，与其他任何东西都没有关系。如果他的意思就是这一切，那么他为什么要说商品的价值就是它所得到的估价，因而使读者感到迷惑呢？他为什么要说，要想知道一种物品在任何时期中的价值，只要知道它和另一种商品的交换关系就行了呢？如果他所说的商品价值是该商品相对于其他某种商品的关系，那么他大可以撇开估价不谈，而直截了当地说：一种商品相对于另一种商品的价值是它所能交换的另一种商品的量；当前者相对于后者而言增长时，后者相对于前者就永远会成比例地跌落。他为什么不这样说呢？果真这样说的话，他的命题就可以得到普遍承认了，而且也会成为一种从来无人否认的自明真理。但当他谈论的仍然是商品所得的估价时，如果他假定世界上只有两种商品，而他又宁愿用一种商品与另一种商品的关系而不用生产它所需的劳动来衡量它所得到的估价，读那本书的人就必然会认为他十分自相矛盾了。同时读者还会认为，当他继续说“要知道一种物品在任何时期中的价值，只要知道它和其他某种商品的交换关系就行了”时，根据一般意义来理解这种用法下的价值一词，他的命题便是完全没有根据的。我相信，除了该书作者以外，没有人敢说，他知道一盎司白银在四百年前能支配多少白洋布，就能知道白银在当时的价值。

该书作者第6章的标题是“论价值的尺度”。讨论这一问题时他得出了许多奇怪的结论，以致让人们对于他走上了错误的道路而不自知这一点感到惊讶不止。他嘲笑人家认为一种商品必须具有不变价值才能成为完美的价值尺度这一想法。他在一个注解中说，所有最著名的经济学著作家都具有这种看法，而且十分彬彬有礼地把这种看法称为彻底的荒唐说法。根据该书作者的学说和用语来看，一种商品在某一个时期的价值和同类商品在另一时期中的价值是没有关系的。而且“价值尺度作为比较媒介来说唯一的用途就是用来比较同时存在的商品”[①]。

假如情形果然这样，那么政治经济学家寻求接近于不发生变化的价值尺度的努力便是可笑的事情了，甚至说一种商品或物品的价值比另一种更稳定或恒常，便也是可笑的了。同时，一袋一袋的啤酒花便和劳动或货币一样，都可以作为商品价值的良好尺度。关于货币，作者诚然特别指出过，从谷物与货币在两个不同时期的关系上不能推断出其他任何关系；我们也没有超出已提供的材料一步。谷物在第一个时期和第二个时期间的价值关系是无法推断出来的，因为根本没有这种关系存在；这样一来，它们对其他商品的相对购买力便也无法确定了。如果要这样做的话，事实上就是企图推断两个不同时期中谷物的相对交换量，这显然是

① 《价值的性质、尺度与影响因素的评论》，第6章，第117页。

荒唐的事情。此外，在这种情形下，货币也正和其他商品一样，不会起任何特殊作用。我们可以用货币来表示谷物的价值，也可以用谷物来表示货币的价值，但其中并没有一种比另一种更能成为比较的尺度或媒介。[①]

根据以上所说的一切看来，我们就绝不可以说上月黄油上涨；如果这样说，就会闹大笑话。等于是要把三个星期前已经消费的黄油拿来和现在摆在桌上的黄油交换，以便肯定前一种黄油一磅所能支配的后一种黄油不足一磅。同样的道理，我们也绝不可以说，1818 到 1822 年期间小麦的价值惨跌，而在 1822 到 1826 年期间又大大回升。我们绝不可以把一个工厂主垫支项目的价值和他的回收项目的价值相比较。在计算他的利润率时，虽然货币使劳动投入工作的力量一般变化缓慢而又微小，啤酒花在这方面的变化迅速而又巨大，我们也不能冒冒失失地选用前者而不选用后者。其他类似的情形不胜枚举。总而言之，商业买卖和赚钱事业的全部用语和推论都必须加以改变，使其适合于新定义和理论。

十分令人惊奇的是，这些结论都没有使作者惊醒回头。他只要坚持自己对于价值的第一个叙述（也就是关于物品所得估价的叙述），甚或只要他没有根据一般的和自然的词意来解释自己对于价值的第二个定义（即“购买其他商品的能力”），他就不会犯下这样一个稀奇古怪的错误，认为人们谈到一种商品在一时期中的价值和同类商品在另一时期的价值的比较时，所指的只会是实

① 《价值的性质、尺度与影响因素的评论》，第 6 章，第 117 页。

际互相交换的比例，而商品在这种情形下不可能交换，所以这种话便是荒谬的。说这种话的人意思究竟是什么呢？显然是指一种商品在某一个时期中所得的估价和该类商品在另一个时期中的估价的比较，其进行比较的基础是它相对于需求的供应状况，而一般是它的生产成本。不然的话，说这种话的人就是把商品在某一个时期中所具有的一般购买力和它在另一个时期的一般购买力相比较。该书作者是不是敢说，没有一种东西能比其他东西更好地衡量不同时期中的估价或一般购买力呢？该书作者是否会说，如果就同一个国家的两个不同时期说来，某种商品在后一时期所能支配的劳动量比前一时期增加一倍，那么我们只有把白洋布或葡萄干当作比较的媒介，才能更有把握地推论该商品所得的估价是大大增长了呢？还是他稍微想一想之后，仍旧会重复上面所引证的那段话的内容说，我们从相继两年的谷物与货币的关系中推论不出其他关系，“在这种情形下货币也正和其他商品一样，不会起特殊作用。我们可以用货币来表示谷物的价值，也可以用谷物来表示货币的价值，但其中的一种并不比另一种更适于做比较的尺度或媒介”呢？①

至少在我看来，这些话是完全没有根据的。如果今年谷物的货币价格比去年涨了一倍，我就可以差不多绝对肯定地推论，谷物所得到的估价比已往高多了。我完全有把握说：谷物对货币以外的其他物品的关系已经起了极根本的变化，现在一夸脱谷物所能支配的劳动量、棉布量、铁器量、鞋帽量都比去年多多了。简单

① 《价值的性质、尺度与影响因素的评论》，第6章，第117页。

地说，对于处在自然和正常状态下的、基本上没有受谷物价格变动原因影响的其他商品，一夸脱的谷物所能支配的量几乎增加了一倍。

那么，如果说谷物与货币之间的关系改变并不能让我们推论出其他关系，试问这话又有什么道理呢？十分明显的事情是：我们可以而且也的确推论出了其他很多最重要的关系；事实上我们的确确定了谷物与其他大宗商品交换时支配能力的增长程度，这种确定虽不完全精确，却是十分有用而又受人欢迎的。

另一方面，货币购买力相对于谷物而言有所减少，并不能让我们做出推论说，货币相对于其他商品而言也差不多有同一比例的跌落。如果现在一盎司白银所能支配的小麦只有半蒲式耳而不是一整蒲式耳，我们并不能因此就推论说，一盎司白银所能支配的劳动量、棉布量、铁器量、鞋帽量和其他一切处于自然和正常状态的商品量，都只达到原来的一半左右。货币对于这些物品的关系可能和从前几乎一样。

如果说货币在这里和其他商品一样，并没有起特殊作用，那又有什么道理呢？明显、不容忽视而又无可争辩的事实证明，货币在短时期内的确起了衡量谷物所具有的一般购买力的变化的作用，但谷物却并不衡量货币所具有的一般购买力的变化。这就是完全不注意事实的一个例证，对于政治经济学最为不幸的是，这方面的教授近来都耽于此道。

该书作者用很好的成语大谈特谈把尺度一词用于不同时期的商品价值是一种虚假的类比。他郑重其事地说明不同时期的长度测量和价值测量有什么不同。

我个人还没有看出人们会不知道这种区别。我在前面曾经说过，提到不同时期的商品价值时，我始终认为是把它和本身的一般购买力做比照，或者是把它和另一种对象做比照，这种对象预计能表示它在这些不同时期中根据本身相对于需求的供应状况或原始生产成本所得的估价。

如果这一名词一般已经有这种理解，人们就一定已经充分认识到价值和长度是根本不同的。他们会完全知道，一码长的一块布运到中国去以后还是一码长，但它的价值，也就是它在中国的一般购买力，或在中国所获得的估计，却大概会起根本的变化。如果事先承认这一最明显的区别，并承认商品的价值不能像商品的长度那样被明确地说明，其变化也不能像那样被精确地衡量，然后再尽力衡量这种变化，那又会有什么虚假的类比存在呢？当我们描述一个商人在已往四年中的财富或衡量其增长时，肯定不能像描述一个小孩在同一时期的身长或衡量其长高的程度那样精确。在后一种情形下，我们用一把尺子就可以完全精确地衡量出来。但财富的性质以及衡量其增长的现有最佳工具都使我们无法得到同一精确性。但如果我们用某一商人在某一时期所具有的英镑数和四年以前所具有的英镑数做比较来衡量他在这两个时期所具有的财富，其中并没有任何虚假的类比存在。如果用货币来衡量工业家垫支资本的价值与回收资本的价值的比较情况，以便估计其利润，那又有什么虚假类比可言呢？该书作者说，不同时期的商品之间不可能有价值关系存在[①]，货币在这种

① 《价值的性质、尺度与影响因素的评论》，第6章，第113等页。

情形下也不可能起作用，试问他这句话又有什么意思呢？

虽然有这些说法，我们每天仍然能看到所有的农业资本家、商人、工业家、店主以及除该书作者以外的一切政治经济学家都完全相信，衡量不同时期的商品在其一般购买力方面（尤其是购买主要生产手段——劳动的购买力）有何关系，是非常重要的事情，非常值得做出；同时，在较短的时期内，货币也**的确**相当精确地起了这种作用。正是由于这一理由，在较短的时期内，一定量的货币可以比其他商品更近似地表示一般购买力，尤其是表示使劳动投入生产的能力，后者对于资本家的关系是至深至巨的。总之，货币比其他商品都能更接近于不变，这种不变性正是作者认为在衡量价值时完全没有用的性质，而且一提到就让他感到愤慨。[①]

事实上，贵金属十分耐久，因之在市场上的供应也很均衡，于是其价值便很稳定。正是由于这种稳定性，货币才能完成其最重要的作用。前面已经说过，啤酒花或谷物可以衡量同一时间和地点的商品的相对价值。但如果该书作者或者读者用啤酒花或谷物来计算资本家垫支资本价值超过回收资本价值的量，以便按啤酒花或谷物来估计资本家的利润，他马上就会被弄糊涂了。如果在一个谷物特大丰收年后出现一个较比歉收的年成，农业资本家以每年的谷物量估计其支出与收入时，看起来就会获得百分之五十以上的增益，然而事实上他却可能赔了本，而且不动用资本时就不能在农庄上雇用前一年那样多的人手。另一方面，如果在

① 《价值的性质、尺度与影响因素的评论》，第6章，第110页。

较比歉收的年成之后出现丰收年，他的利润用谷物估计时看来可能要倒找出去了，然而用购买劳动和谷物以外的其他商品的一般购买力来衡量时，他就可能大获其利。如果啤酒花种植者用啤酒花来计算他的垫支与回收资本，其结果也会是一样，不过程度更深而已。

因此我们必须承认，商业界在实际衡量价值时选用了这样的商品当尺度是非常明智的，这种商品非但是在形式上特别便利，而且一般说来也只发生很慢的价值变化；因之，他购买劳动和商品的能力便是稳定的；没有这种稳定性，就不可能有信心进行任何较长久的商业活动。

贵金属几乎在一切商业交易由始到终的时期中都是一种非常有用和优良的价值尺度。但正如亚当·斯密非常正确地指出的一样，在很长的时期中，情况就不是这样了。这不是因为它们没有作用可起，而是因为人们发现它们在四百年的过程中失去了一般在四年中所具有的十分良好的稳定价值。

作者谈到贵金属时说："在衡量或比较价值方面，能够让人说明白或在事理上想得通的作用，都是我们现有的媒介所能完成的作用。"[①] 他这种说法我个人是不能同意的。衡量相去甚远的不同时期中商品支配劳动和其他大宗商品的相对购买力诚然是可以让人想得通和说明白的做法；然而，贵金属在相去甚远的时期中却肯定不能很好地起这种作用。该书作者自己是不是敢说，一盎司白银在爱德华三世时代所具有的一般购买力不比乔治四世

① 《价值的性质、尺度与影响因素的评论》，第6章，第102页。

时代大许多呢？他是不是敢说等量的农业劳动在这两个时期中不能更近似地代表同一种一般购买力呢？他开始颂扬贵金属作为价值尺度的好处时，似乎正像他说贵金属在这方面的作用不比谷物的作用更好时一样，情形是非常糟糕的。

应当指出的是，当我们认为不同时期的商品价值是指它们在这些时期中的不同的一般购买力时，我们所说的价值完全只是交换价值。由于所指的只是交换价值，所以看来政治经济学用语中最重要的一点是把一般购买力和任何一种商品的购买力区别开来。

但当我们谈到一种商品在不同时期中所得到的估价受各时期相对于需求的供应状态决定，在一般情形下则受其自然和必然供应条件决定，或受其原始生产成本决定（这两句话是相等的说法）时，我们不可认为交换价值已经被忘掉了。然而该书作者却经常陷入这种误解，而且也经常完全忘记他自己开头评论李嘉图先生关于价值尺度的用处的看法时所叙述的价值的意义；他说在李嘉图的看法中可以发现一种奇特的思想混乱。[①]

他说："假定我们具有李嘉图先生用作标准的那种商品，并假定所有的商品都是只由劳动生产的，而生产白银的劳动量又没有变化。在这种情形下，根据李嘉图先生的说法看来，白银就可以成为一种完美的价值尺度。但这是什么意义下的尺度呢？所起的作用是什么呢？即使白银生产所需的劳动是不变的，它也不能告诉我们其他商品的价值是什么。这些商品和白银的价值关系

① 《价值的性质、尺度与影响因素的评论》，第6章，第120页。

必须按照一般方式确定，也就是说，其价格必须按一般方式确定。像这样确定以后，我们就肯定能知道商品彼此相对的价值如何。但在这一切过程中，并没有从生产白银的劳动量是定量这一事实上得到任何帮助。”①

我已经叙述过白银在这种情形下所必须起的作用，这就是，衡量商品在不同时期所具有的不同购买力，或者是衡量它们在这些不同时期所得到的不同程度的估价。

首先，就一般购买力说来，如果像该书作者在假定中所做的那样，承认这一切前提，我们难道能否认像这样生产的白银作为一般购买力的尺度而言，比实际生产的白银要好得不可比拟吗？这样，它就可以消除其由于本身生产劳动的变化而发生的一般购买力变化的最大来源。这样的白银一盎司比品位差别极大的银砂中采得的白银一盎司在四五百年内所能支配的劳动与商品量更加划一得多。

其次，关于商品所得到的估价，我们也很难想象还有任何尺度比这更为完整。如果所有的商品都只是由劳动生产的，而且按生产所需的劳动互相交换，同时生产白银所需的劳动量又没有变化；那么不同时期的市场上为购买一种商品而付出的白银量就可以大致精确地表示该商品在这些时期中所得到的相对估价；因为这种白银不但可以表示人们在这些不同时期中为了取得这样一种商品所愿做出的舍让的相对大小，也可以表示这些商品在这些时期中的相对供应条件或原始生产成本，此外还可以表示归于生

① 《价值的性质、尺度与影响因素的评论》，第6章，第122页。

产者的产品比率，或该商品在这些不同时期中相对于供应的需求状况。如果像该书作者在他那本书的第一句中所告诉我们的那样，商品的价值就是它所得到的估价，那么李嘉图先生的尺度就肯定可以完成他认为它应该完成的一切，尤其当这尺度所得到的估价不变时，情形就更加如此。

它不但能像本书作者所说那样，当这两种商品在不同时期中的相对关系发生变化时，说明究竟是哪一种商品发生了变化[①]，而且也可以说明精确的变化量，也就是说，如果在文件上看到某种品质的布在四百年前的售价是二十先令一码，而在目前则只有十先令，那么它原先所得的估价或价值便降低了一半；因为根据假定说来，所有的商品都只是由劳动生产的，那么能够取得这种商品的舍让量以及这种商品的必要供应条件或其原始生产成本便都已经降低了一半。

商品相对于这种标准的变化，还能极精确地说明它对一切供应条件或原始生产成本未曾变化的商品的支配能力的变化。如果一种商品的这种标准价格在不同时期中上涨或跌落，那么它在交换中对一切供应条件或原始生产成本未变的商品的支配力也必然会发生同一比例的变化。

但是我们可以毫不犹豫地承认，虽然该书作者在假设中对李嘉图先生做了让步，这种白银仍然不能精确地衡量一般购买力。白银生产所需劳动不变这一条件使它甚至在这一方面也大大地优越于其他商品，然而，由于许多商品生产所需劳动在社会的进

① 《价值的性质、尺度与影响因素的评论》，第 6 章，第 121 页。

展中可能发生变化，任何等量的物品在相继各时期中便绝不可能代表相同的一般购买力。一般都普遍承认这一点，同时价值具有一个定义显然比具有两个定义好，因此问题便是：根据这一点以及社会上一般用语与习惯，我们是不是最好把短期内的商品价值一词在普遍应用时只限于由相对于需求的供应状况（一般由原始生产成本）所决定的估价，而不是限于商品的一般购买力呢？前一种标准具有接近精确的衡量尺度，而后一种标准则普遍承认不可能有精确的尺度存在。此外，必须指出的是，采用前一种标准时，我们的用语就比采用后一种时更加符合社会上关于价值变化的一般用语。

事实上，当人们说到啤酒花或谷物价值增长时，谁又会想到铁、亚麻或甘蓝菜的价值可能已经发生变化了呢？在短时期内，我们认为货币对于各种商品的价值与价格说来，都是近乎精确的尺度。如果啤酒花和谷物根据这种尺度说来上涨了，我们就可以毫不犹豫地说，它们的价值上涨了，而丝毫不必涉及棉布、白洋布或亚麻布。这就清楚地证明，当我们在一般的情形下谈到商品价值的一般变化时，不是用它们的一般购买力的变化来衡量的，而是用我们认为更能表示其所得估价的某种标准来衡量的；这种估价在所有各时期都是由相对于需求的供应状况决定的，而平均说来则是由原始生产成本决定的。

关于商品的一般购买力，唯有影响商品本身的原因所造成的变化才能明确而肯定地衡量。至于影响无数可以与之相交换的商品的原因所造成的变化，则不能做这种衡量。因此，谈到特定商品的价值变化时，就必须看成完全是与影响其本身的价值原因的大小成比例，并以这些原因来衡量。这样，不但更符合于这一名词的习惯含义，而且对于精确性说来也是绝对必要的。

因此，李嘉图先生完全根据其假设条件出发，始终认为商品生产所需的劳动增加一倍时，价值也就比原先增加一倍。这种商品的价值相对于一种标准说来增加了；而在他的说法中，这种标准乃是造成价值的唯一原因。至于一切生产价值未曾改变的商品，它所能支配的量是刚好增加一倍。如果不刚好增加一倍，其原因并不是它所能支配的价值不刚好等于原先的两倍，而是因为其他商品生产所需的劳动量发生变化，以致在量增加一倍时，其价值就多于一倍或少于一倍。

根据同样的原理，亚当·斯密认为：如果牛的价值在耕种发展和土壤改良的过程中增长了，而土地、木材和家禽等的价值则增长更多，以致使一定数目的牛相对于某些或某几批商品说来购买力已经降低了。但他说牛的价值在耕种的发展中增加时，指的是相对于一种标准而言有所增加，也就是相对于商品所能支配的劳动而言有所增加；这种劳动在不同的时期中代表牛相对于需求的供应状态，而在平均情形下则代表着牛的原始生产成本。因此，这种标准就比任何一种或一批商品都能更好地代表牛所得到的估价。他说："我们必须经常记住，白银与其他一切商品的价值的真正尺度是劳动而不是任何一种或一批商品。"①

甚至连作者本人也有专章谈到价值的成因。虽然根据他以前的理论说来，作用于另一商品的原因对某种商品的价值的影

① 《国富论》第6版，第1编，第11章，第291页。

响，和作用于某种商品本身的原因所具有的影响，同样很大。但他在这一章中却发现，影响一种商品的原因绝对必须和影响另一种商品的原因分别加以估价。当 a 与 b 做比较时，不论是 a 的原始成本增加一倍还是 b 的原始成本减少一半，a 的价值都会同样增加一倍。如果我们所考虑的只是 a 与 b 的关系，情形的确会是这样。但这证明了什么呢？这并没有证明，根据价值一词的最普通、最有用和最正确的意义说来，a 的价值在两种情形下所受的影响不是完全不同；这一点所证明的只是，像该书作者那样把价值一词限于一种商品与另一种商品的关系，就会使它变得一点用处也没有。

刚开始把交换价值和使用价值分开时，倒可以像亚当·斯密那样，用购买其他商品的能力来说明交换价值，以示区别，然而我们却绝不能把这种能力像该书作者那样解释为对任何一种商品的购买力。但当我们探讨商品价值在不同时期的变化时，如果想使我们的说法精确和有用，我们就必须把影响被购买商品的原因和影响进行购买的商品的原因所造成的购买力变化清楚地区分开来。我们必须完全只注意前一种情形。为了这一目的，我们还要比照一种最能使我们衡量这些商品的原始生产成本变化或供求状况变化的标准，并把它当成这些商品在不同时期中的价值变化或估价变化的最好准绳。

根据这些理由，李嘉图先生便从他那特殊的理论出发，始终用生产所需的劳动来衡量商品价值在不同时期的变化。

亚当·斯密从他更正确和更合用的理论出发，始终用商品所能支配的劳动来衡量其不同时期中的价值。

该书作者有一章(第7章)的题名是“论马尔萨斯先生所提出的价值尺度”。

为了准备好提出那一段驳论,他把自己有关价值的主要说法总结了一下。由于这一段话比较简短,我忍不住要把原文照抄下来。

他说:“前面已经证明,劳动的价值正和其他任何可交换物品的价值一样,也是由本身的一定部分所能交换的其他某种商品量表示的。那种商品的量增加或减少时,其本身的价值就必然增长或跌落;这些话只不过是同一事实的不同说法而已。因此,除非劳动能经常交换等量的其他商品,否则它的价值便不可能是没有变化的。这样说来,一方面假定它的价值在同一个时候没有变化,另一方面又假定它能衡量其他商品的变化,这就包含着一个矛盾。”

“前面也已经证明,在其他物品的价格波动中,如果说某种东西的价值是不可能变化的,那就等于是说它在某一个时期中的价值无需比照其他任何商品就能和本身在另一时期的价值相比较,而这种说法却是荒谬的;价值所表示的是两种东西在同一时期中的关系。同时在前面还曾说明,价值不变的对象作为一种尺度来说绝没有任何特殊的作用。”

“这些说法,”他说道,“完全可以推翻主张这种尺度的人所提出的论点。”①

这些说法如果是正确的,我就会毫不犹豫地承认它们完全足

① 《价值的性质、尺度与影响因素的评论》,第7章,第140页。

以推翻那些论点。但是，这些直接导致外加的结论的说法，所依仗的仅仅是对亚当·斯密的定义的最武断和最无根据的曲解，难道可以说是正确的吗？

第一，劳动的价值将按其本身的一定量所能交换的丝绸或任何其他商品量的大小而涨落，这类商品和劳动者的需求的关系不论怎样疏远都是一样。因此，丝绸的价格跌落一半时，劳动的价值就会增加一倍。

第二，某一年谷物的价值不能与另一年谷物的价值相比较，因为价值所说的只是两种物品在同一时期的关系。

第三，贵金属的价值在短期内比较稳定这一特点，对于它们作为价值尺度的性能没有帮助。

必然导致这些结论的理论正确性究竟如何，我们可以完全放心地交给读者去判断。现在让我们回头来讨论这一章的主要题目，也就是我所提出的价值尺度。

在《价值的尺度、陈述和说明》（*The Measure of Value Stated and Illustrated*）一书中，我提出了自己认为有说服力的理由，说明为什么要根据一般所理解的和亚当·斯密所应用的意义，把劳动当成价值的尺度。同时，为了说明这一问题，并把有关土地有变肥力以及劳动者的有变谷物工资的各种假定综合成一种看法，我还添了一张表，列明了各种假设。

该书作者谈到这一表时说："根据同样的办法，任何物品都可以具有不变价值，比如十码棉布就是这样。因为我们购买这十码棉布时，不论是付给五英镑或十英镑，其总数的价值始终会等于所购棉布的价值；换句话说，相对于棉布说来，其价值不变。但用来与价值不变的商品相交换的对象，其本身的价值也必须是不变的，因此，十码棉布的价值便必然是不变的。”①

从这一比较可以看出，作者要不是十分奇特地缺乏辨别力，便是故意把这个表所根据的前提抹杀了。这些前提是：大宗商品的自然与必要供应条件（即其原始生产成本）是生产所需的积累与直接劳动，加上垫支项目在垫支期间的一般利润。不同时期的普通商品价值，根据这一名词最常见的用法来说，是由这些时期中的原始生产成本决定的，也就是由其中所包含的劳动与利润决定的。

如果这些前提是正确的，那么我的表便正确地解释了一切要解释的问题。如果这些前提不正确，一切便都垮台了。

现在我要请问这位作者，十码棉布与十天劳动之间究竟有什么类似之处呢？难道棉布可以说是普遍的和主要的生产手段吗？难道垫支一定量的棉布是一切商品的必要和自然供应条件吗？难道有什么人想到把棉花和利润称为原始生产成本吗？是不是有人提出要用不同量的棉布以及其中所包含的利润来估计不同时期的商品价值呢？

如果这些问题不能做正面答复，那么对于劳动说来是正确而又富有意义的事情，对于任何劳动的产品说来便显然是完全不正确或没有用处的了。② 整个问题要取决于估计商品价值的方式。

---

① 《价值的性质、尺度与影响因素的评论》，第6章，第145页。

② 我竟被人指责为武断地采用劳动为价值尺度，这一点始终使我感到极为惊讶。如果劳动与任何劳动产品之间不存在最明确和最典型的区别，那我就不知道还有哪两种对象之间会存在典型的区别。我的确经常说明这一区别，并提出劳动的特殊性质来说明我为什么会认为劳动可以当成价值的尺度。关于这些理由是否充分的问题，以及劳动作为尺度的准确程度问题，是可能有不同意见的。至于何以能说我是武断地采用这一标准，我却完全弄不清楚。即使我仅仅说我之所以采用劳动，是因为劳动是自然生产成本的主要因素，这种攻击也是没有根据的。

如果我们只是说，一定量劳动的有变工资永远能支配同量的劳动，那便只是荒谬可笑地重复了一句不言而喻的话；但如果我们事先证明，一件商品所能支配的劳动量刚好代表其中所包含的劳动量和垫支项目的利润，因之就的确代表和衡量了决定价值的自然和必要的供应条件（也就是决定价值的原始生产成本）；那么如果我们再说一定量劳动的有变工资永远能支配等量的劳动，这句不言而喻的话就必然牵涉到一条重要的真理，即产生一定量劳动的有变工资的原始成本必然永远相等。

任何人要是看看那个表的话，就可清楚地看出，第七栏中说明一定数目的人所获得的工资的不变价值的那些彼此一致的数字，根本无需经过中间步骤就可以完全肯定地说出来；但我们如果说这样的话，就不可能对于这种工资的价值的稳定性做出结论。这些中间步骤说明十个人的工资价值在这里是按原先已经证明可以决定一切商品价值的原因计算的；唯有这些步骤才能让我们有根据做出结论说，第七栏中彼此一致的数字说明工资价值具有均一性。

李嘉图先生曾一再说：劳动工资的价值在社会发展过程中必然会增长。他的利润理论的确全部都是以劳动价值的涨落为基础的。我那张表证明，如果我们用工资中所包含的劳动来衡量工资中的价值，也就是用价值的一个要素来衡量工资，那么李嘉图先生便是正确的；当较贫瘠的土地投入耕种时，工资的价值就的确会增长。但如果我们用工资中所包含的劳动与利润来衡量工资的价值，也就是用价值的两种原始要素来衡量价值，那么工资的价值也就会始终不变。

这位作者说，从他所做的评述中，读者就可以看出马尔萨斯先生的“说明工资价值不变的表”完全没有证明任何问题。[1] 他在这一章末尾说：“这一简短的评论就说明表中那一大堆数字并没有说明任何新的或有意义的道理。”[2]

我倒看不出为什么要求一个表格为新命题提出逻辑证据。但如果作者说，整个这本书都没有新的或重要的内容；那么光就他的解释和看法来说，我不得不承认他的话的确是事实；但根据其他许多人的解释和看法来说，我就不免有些怀疑了。我完全有把握说，我对价值问题的看法和采用劳动作为价值尺度的理由，有许多地方在该书出版的一年以前，对我个人说来还是完全新颖的。

首先，我在任何地方都没见到有人说过，一种商品所能支配的一般劳动量，必然可以代表和衡量该商品中所包含的劳动量和利润。但当我强烈地注意到这一道理以后，一件商品一般所能支配的劳动量对我说来便具有了一种新的意义。已往我认为劳动是一切进行交换的对象中最普遍和最重要的一种，因之在衡量任何对象的一般购买力时，便是远驾乎一切之上的最优良的尺度。但后来我看到，把商品中所包含的劳动和利润一起提出，就可以表示该商品的自然和必要的供应条件，也就是它的原始生产成本；这时，在我看来，它作为尺度的意义就大大地增加了。

其次，我在任何地方都没见到有人写出这样的话说，不论土

① 《价值的性质、尺度与影响因素的评论》，第7章，第148页。

② 同上书，第7章，第150页。

地的肥力怎样变化，一定量劳动的工资的原始生产成本都必然永远相等。托伦斯上校谈到价值的尺度时说："首先，交换价值是由生产成本决定的，而商品的生产成本又没有一种能不经常发生波动。其次，纵使可以找到一种所需生产费用永远相等的商品，其交换价值也不会因此而成为不变的，因之也就不能作为标准来衡量其他物品的价值。交换价值不是由绝对生产成本决定的，而是由相对生产成本决定的。"①

但我确信，在衡量短时期内的商品有变价值时，为了做到十分精确和有用，并更加全面地符合一般社会的用语和习惯，就必须把商品购买力的变化分成两部分。一部分是由影响商品本身的原因产生的，另一部分是由影响其他商品的原因产生的。谈到商品交换价值的变化时，所指的只是前一种变化。在这种情形下，根据托伦斯上校的说法看来，如果我们能找到一种生产成本始终不变的对象，那么我们显然就找到了一种价值的尺度。

在《价值的尺度、陈述和说明》一书中已经说明，劳动供应条件，或一定数目的人所赚得的谷物工资的原始生产成本，如果跟棉布、麻布、铁器或任何其他商品的原始生产成本一样计算，就必然会始终不变。

我承认，商品一般所能支配的劳动的这两种必要的性质，对我说来几乎完全是新颖的。当我不得不注意这两种性质，并对有关价值的最正确和最有用的定义产生上面所说的那种信念后，我就认为劳动就这一问题的性质说来，是极为接近准确的价值尺

① 《论财富的生产》，第1章，第56页。

度；因而我就认为这一尺度可以公平地被称为一种标准。

那本书还有一个特点，我不得不认为是相当重要的，那就是，书中经常用劳动与利润一词，而不像一般习惯那样用劳动与资本一词。

我们必须承认，劳动与资本一词，基本上是同语反复。我所见到的每一种资本的定义都包含着支配劳动的手段。机器和原料在生产时无疑也需要最后制造制成品的资本家所垫支的那种普通劳动，其量也往往相等。在比较随便的说法下，我们可以用劳动与资本一词；资本一词在这种用法下指的是所有一般性质的资本，其中不包括支配所需直接劳动的手段。但当我们探讨价值的要素时，如果仍然说劳动与资本，那就非常不合哲学精神的要求了。除去地租和税收以外，和调节商品价值有关的仅有的两个因素是劳动和利润；这种劳动当然包括原料以及机器在生产中的耗损部分所包含的劳动；利润则包括原料与机器生产者的利润。如果说，商品的价值是由生产所需的资本与劳动量所调节或决定的，便根本错了。如果说商品的价值是由生产所需的劳动与利润量调节的，那么我便认为基本上是正确的。如果是这样，那么用劳动与利润一词来代替一般惯用的劳动与资本一词便是相当重要的一点。

我对《价值的性质、尺度与影响因素的评论》一书的讨论原来没有打算说这样多，但还有些批评没有提出。读者如果目前还没感到厌倦的话，我继续往下说时就会感到厌倦了。

该书作者不受他那些奇特定义的影响时，曾提出一些十分公正的说法，而且书也写得非常好。这就使我们格外奇怪，为什么该书的主要命题竟然会这样地违反功利原理，而且对于原来打算促进的学科也刚好发生了妨碍作用。

对于我所要达到的目标来说，我认为继续像这样评论政治经济学家的名词定义与用法是没有必要的。前面已经说过的话如果是正确的，就足以证明许多不肯定之处都是由于我们[①]忽视这一重要事项而产生的，如果能更加注意的话，就可希望得到很大的改进。因此，往下我便将尽量恪遵前面所提出的规则来界说政治经济学中某些主要的名词。但在没有开始之前，我认为最好是概述一下我为什么要采用这个价值尺度的附加定义。

① 我毫不犹豫地承认，我自己也是没有充分注意这一问题的政治经济学家之一。

第九章　采用价值尺度附加定义的理由概述

首先我们最好说明一下，在政治经济学用语中，商品价值一词正像商品价格一词一样，似乎绝对必须具有固定的意义。凡属写过文章或口头讨论过政治经济学问题的人，用到价值一词时，都经常惯于不特别指明用作比较的对象。如果在被提及的一千种不同的对象中任便假定一种都同样正确，那么我们就很容易证明，已往所有应用价值一词的著作家所说的全都是大废话。而未来的著作家就必然会写出许多许多最缠不清的绕弯子的话，和最没用的命题。

《价值的性质、尺度与影响因素的评论》一书的作者认为在他以前的著作家运用商品价值一词时，如果没有言明任何比照对象，便也没有隐指任何这种对象。他这样说，便显然是歪曲了已往的著作家的看法。前面已经说过，我们必须承认，他们要不是在某种方式下比照了商品的一般购买力，便是比照了相对于需求的供应状况所决定的商品估价；平均说来这种估价是由原始生产成本决定的。如果说有名的著作家一般地谈到不同时期的商品价值时，所比照的是没有打算在或多或少的程度内准确地代表上述比照对象的个别商品，那便是完全荒谬的看法。因此，他们以隐含的方式所指的终极比较对象，就必然只限于上述比照对象中的一种或其相等对象。

我已经提出过我的理由，说明为什么比照对象是商品按上述方式所确定的估价时就较为正确和有用，而一般购买力却没有这么好。但由于旁人可能有不同的看法，我们在列举采用劳动作为价值尺度的理由时，把劳动作为一般购买力尺度的性质包括进去，也许是有用处的。

因此，假定根据定义说来，商品的交换价值就是它的一般购买力，这种定义所指的就必然是购买大宗商品的能力。但由于这种大宗商品完全无法用来进行比较，购买大宗商品的购买力也就无法确定。因此，为了实际应用起见，我们无疑就要设法选定一种或一批可以最好地代表一般大宗商品平均情况的对象。我们绝不能否认，在所有的对象中，劳动最能代表一般大宗产品的平均情况。社会上当成财富的商品没有一件不是首先和劳动相交换的。劳动所不能大量交换的商品是很少见的。这种情形唯有劳动和代表劳动的流通媒介才有。在一切商品的交换过程中，最初的普遍的和最重要的交换对象就是劳动。此外，在社会发展过程中，相对于劳动而言，农产原料这一大类商品有涨价的趋势，同时工业制造品这一大类商品则有跌价的趋势。基于以上两点，我们可以大致不差地说：同一国家的一定量劳动在几百年的过程里所能支配的一般大宗商品量不会有根本性的变化。

纵使承认这种商品量会发生变化，也承认劳动作为一般购买力的尺度而言是不完美的；但如果我们需要一种比大宗商品更好运用的标准，而劳动似乎又远比其他对象更能代表大宗商品，那

么我们就大有理由采用劳动来作为价值的实际尺度，甚至在某些坚持认为交换价值的最佳定义是一般购买力的人中，情形也是如此。

但是有些人认为，商品交换价值的变化和它的一般购买力的变化是不相同的；他们认为商品的交换价值只有在交换中所能支配的价值增加时才会增加，而它的购买力则可能仅仅由于它能支配较大数量的、其价值已显著降落的商品而趋于上涨。对于这些人来说，采用劳动作为价值尺度的理由就更强十倍了。

这里所说的价值有许多不同的描述法。我们只要稍稍考察一下这些描述法就会看出，唯有商品所能支配的劳动才能成为这种价值的尺度。

第一，《价值的性质、尺度与影响因素的评论》一书的作者在开头就做了这种描述，我也完全同意这种描述。我在前面指出，他曾说过："价值的终极意义看来是任何物品所得到的估价。"但如果把这种对象和另一种同样不为我们所知的商品做比较，其估价便显然无法衡量出来。如果我们不事先知道货币所得到的估价是什么，那么和货币做比较也同样会让我们感到完全糊涂。[①] 如果我们把两种商品放在一起望着它们，那么我们不论看多久，也甚至无法确定它们的相对价值。即使是要得出这种限于一隅的结论，事前我们也必须把每一种商品都和人类的欲望和生产手段做比照，

① 如果到了一个外国，我们对那里的货币与人以及货币与劳动的关系都不清楚，而又听说一夸脱谷物售价四盎司白银时，我们便不会知道那里是否发生了饥荒，因而使谷物得到了最高的估价，抑或是谷物过剩，因而得到了最低的估价。估价一词应用到商品上时，必然要跟人和劳动做比照。

也就是说，我们必须事前做出比较，确定两者的价值，然后才能说彼此之间的关系是什么。决定商品所得的估价的，正是这种主要的比较，与任何次要的比较无关。由于这种主要的比较只能用商品与劳动的交换关系来说明，如果我们说商品的价值就是它所得到的估价，那便肯定只有它所能支配的劳动量才能衡量这种估价。

第二，洛克十分正确地注意了一切价值的基础，认为商品的价值是由本身的量和销路的比例决定的，也就是由供求比例决定的。但一种商品的有变需求或销路绝无法用所能相交换的另一种商品的有变量代表，除非另一种商品相对于劳动而言也是稳定的。如果在某一个时期我付出两磅啤酒花交换一码棉布，而在另一个时候则只付给一磅，这完全不能说棉布的需求已经减少了；相反地，这种需求反倒可能增加了。当我付给一磅啤酒花的价值时，我使棉布织造商所能投入工作的人手，可能比我付给两磅的价值时更多，所获利润也更优厚。商品的需求虽然不跟购买者愿意而且能够交换的其他任何商品量成比例，但却的确和他愿意付给的劳动量成比例。其原因是：一种商品一般所能支配的劳动量，正好代表着对它的有效需求，因为这种劳动量刚好代表着实现这种供应所必需的劳动与利润的总合量①；而一种商品所能支配的实际劳动量和一般量有区别时，就说明了由于暂时原因而产生的需求过大或不足的现象。如果在考察一切价值的基础时，也

① 商品在自然状况下所能支配的劳动由于正确地表示了生产所必需的劳动与利润量，就必然正确地表示了它们的有效需求。这一真理可以引导出许多重要的结论。而这一点在不同的时间和地点都可以成立，不过比照的自然是各不同时间与地点的同一类劳动。

就是考察相对于人类需求的供应限制时，我们认为任何时间或地点的商品价值跟它们在同一时间与地点的相对于需求的供应状况成比例，那么显然只有同一时间和地点的任何一件商品或一批商品所能支配的劳动量才能表示并衡量其相对于需求的供应状况[①]，以及建筑在这种关系上的价值。

第三，人们常常说，商品的价值决定于人们为了取得它时所愿做出的舍让，这种说法看来是完全正确的。但问题又来了，这种舍让应当怎样衡量呢？显然我们不能用交换时所愿付与的另一种商品量衡量。如果我在交换一定量的铁器时所付与的白洋布或马铃薯比以前多，这完全不能说，我为了取得自己所需要的东西做出了更大的舍让。相反地，如果白洋布由于机器改良、马铃薯由于丰收年景而跌价时，我所做出的舍让可能非但没有增加，反倒减少了。甚至连付与一种商品的货币量也不能衡量取得该商品时所做出的舍让。对于同一时间和同一地点所做舍让的变化说来，货币虽是一种优越的尺度；但如果没有进一步的情况说明，那么货币便完全不能说明不同时间和不同地点的舍让量或其变化。在爱德华一世时代付出一盎司白银作为一种舍让和现在完全不同。因此，为了取得一种特定商品所愿做出的舍让，便显然不跟另一种与之相交换的商品的量成比例，而只与取得这种量（不论较大或较小）的困难程度成比例。但这种困难唯有劳动能衡量。如果商品的价值是由人们为了取得它时所愿做出的舍

① 关于中国某种商品缺少或其相对于需求的供应状况，除了比照中国的劳动以外，还有什么事物可以为我们提供任何情况的说明呢？

让来决定的，那么能测定这种舍让的便是为这种商品所付出的劳动，而且也唯有这种劳动才能起这种作用。

第四，在《价值的尺度、陈述和说明》一书中，我认为商品的价值平均说来是由它们的自然和必要供应条件决定的。我说这些条件就是商品中所包含的积累的和直接的劳动，加上全部垫支项目在垫支期间的一般利润。在该书的前一部分和表格中都可以看出，商品一般所能支配的劳动量必然可以代表和衡量其中所包含的劳动量和利润。李嘉图先生把商品中所包含的劳动量看成是“在许多情形下的一种不变标准”，但他却否认商品一般所能购买的劳动将和与之做比较的商品本身遭受同样多的变化，这实在是一件奇特的事。[①] 他这样说，一定是没有看到一种商品一般所能支配的劳动必然会使他自己的命题加上一个附加条件，唯有这个条件才能使他的命题正确。正因为一种商品一般所能支配的劳动衡量出的是商品中实际包含的劳动及其利润，所以才有根据把劳动当作价值的尺度。如果我们认为商品的一般价值是由它的自然和必要的供应条件决定的，那就只有它一般所能支配的劳动才能衡量这些条件。

第五，人们常说商品的价值是由生产成本决定的。如果生产成本不涉及货币，而是指简单的生产要素；其量不足，就不论货币价格如何，商品都无法生产；那么生产成本便正好就是供应的自然和必要条件。生产的原始成本除开地租和税收以外，就是生产一种商品所需的劳动与利润。前面已经证明，在这两种要素中只

① 《政治经济学原理》（*Elements of Political Economy*）第3版，第1章，第1节，第5页。

有商品一般所能支配的劳动才能作为这种尺度。如果我们能比较精确地求得不同时间和不同国家中普通农业劳动的平均价格，同时其他各种劳动的价格一旦确定之后，彼此之间的关系(就像亚当·斯密和李嘉图先生所假定的一样)在耕种和土壤改良进一步发展的过程中又接近维持不变；那么一种商品在任何时间和地点所能支配的普通农业劳动量就肯定能接近正确地衡量该时间与地点的原始生产成本。因此，如果商品在同一国家的两个不同时期中一般能支配等量的农业劳动，那么我们大致上就可以说，它们的原始生产成本彼此相等；它们的价值如果是由原始生产成本决定的，那么也当然彼此相等。

第六，商品的价值可以说必然和它相对于生产者人数而言的供应成比例。在早期社会阶段中，许多商品几乎完全是由劳动取得的，这种情形就非常显著。如果果子只用劳动采集，野兽只用劳动射杀或捕捉，或者是用来帮助取得这一切的资本价值很小；那么平均说来，一天的劳动所取得的量就必然能相当精确地代表当时所有的商品与费去一定时间生产这些商品的人相比时的稀少程度。但商品的供应相对于需求者的人数、能力和需要说来所受的限制程度，是一切价值的基础。在上述情形下，生产者既是有效的需求者，又是有效的消费者。一个生产者平均所取得的商品，必然代表相对于需求者的人数、能力和需要而言的供应。如果一个生产者所取得的产品量很大，这种商品就很丰富，因此也就可以认为价值较小。如果生产者所取得的产品量小，商品就会稀少，其价值也可认为较大。如果一个国家的风俗是生产者每天只工作四小时而不是工作十小时或十二小时，那么所生产的商品相对于生产者和有效需求者而言比例就较小，因此其价值就比习惯工时数更多的国家要高得多。从另一方面说来，如果生产者除了每天工作十小时或十二小时以外，还有精巧的工具辅助，其应用工具的技巧也很高，那么所生产的商品相对于生产者人数而言就会异常丰富，其价值也可认为成比例地更低。在这一切情形下，商品的价值显然是由其本身的量与生产者人数之间的关系决定的。

在较进步的社会阶段中，生产者并不永远同时是需求者和消费者。然而平均说来，商品的有效需求必然和投入生产以取得该商品的生产性作用要素成比例。[①] 但如果把各种不同的生产者化成一个公分母（例如普通农业日工），把利润化成资本家的报酬，地租化成地主的报酬，那么其余的产品和这类生产者数目的比例就会完全和早期社会阶段中的情形一样，表明当时所存在的商品相对于生产者而言的稀少程度。因此，商品的价值是由它支配一天普通劳动所需的量来衡量的。事实上，如果我们承认，当被牵涉的因素只有劳动时，在任何时间和地点生产一种商品所需的劳动日数就代表该商品在该时间与地点[②] 的自然价值；那么由于任何另一种商品的交换价值与前一种相比时，就会刚好和它们所能支配的同类劳动量成比例，因此，我们就会得出一个必然的结论说，第二种商品的价值必然永远和它所能支配的劳动量成比例，不论它的价值怎样受到利润、地租、税收、垄断或相对于需求的偶

① 萨伊先生有一个全面的名词是“生产性作用要素”，其中包括利润、地租和劳动。但劳动肯定可以正确地衡量这些作用要素的价值总量。

② 一旦承认这一点以后，关于劳动作为价值尺度的全盘问题马上就确定了。

然性供应状况的影响，情形都是一样。

第七，我们已经说过，商品的价值必然和对它们本身发生作用的价值影响因素成比例。《价值的性质、尺度与影响因素的评论》一书的作者有一专章讨论价值影响因素。在结尾时，他谈到了对人类心情发生作用的各种考虑事项。他认为政治经济学家忽视了这些事项。他说："这些事项是影响价值的因素，如果想根据这些事项中的某一种发生影响的程度来决定商品互相交换的量，就一定是没有用处的。实际上，关于这一问题我们所能做的一切，只是确定各种不同的价值影响因素。做到这一点之后，我们就永远可以根据其中一种因素的变化来衡量效果的增减。"①

我们必须承认，这些说法应用于主张用商品实际包含的劳动量来衡量商品价值的人是很公正的；但应用于主张用商品所能支配的劳动量来衡量商品价值的人就不公正了。我们已经证明，商品所能支配的劳动可以衡量包括一切影响因素的最高价值影响因素，即相对于需求的供应状况。不论商品交换时对心情发生影响的考虑事项有多少种或性质有多少变化，不论考虑的只是普通原始生产成本，还是受到税收、地租份额、部分或严格的垄断、商品数量暂时稀少或丰富等方面影响的成本，整个的结果必然都会在相对于需求而言的供应状况中表现出来。如果是单独一种物品，其供应状况已定，其需求就必然与购买者所能以及在一切情形下为了取得该商品时所愿做出的舍让成比例。

但我们已经说明，唯有购买者能够和愿意转交给销售者的劳

① 见《价值的性质、尺度与影响因素的评论》，第11章，第232页。

动支配力才能代表购买者所做出的舍让；任何一种商品，除非是按其所能支配劳动的比例而言，否则都不能代表这种舍让。因此，一种商品所能支配的劳动，或购买者愿为这种商品付出的劳动，便可以衡量一切对它发生作用的因素的总结果，也就是可以衡量交换商品时各种影响心情的考虑条件的总结果。

因此，我们不论认为任何地点和时间的商品价值是由该商品所获估价表示的，还是认为它完全只以相对于需求的供应状况为根据；也不论我们认为这种价值是由人们为了取得这种商品而愿做出的舍让决定的，还是认为由该商品的自然和必要供应条件决定的；不论我们认为这种价值是由商品的原始生产成本决定的，还是由生产者人数决定的，抑或是由对商品发生作用的一切价值影响因素的结果决定的；该商品在任何地点一般所能支配的劳动显然可以衡量它的自然和一般价值，而它实际支配的劳动则可以衡量它的市场价值。

但我们必须经常记住，不论在哪一种意义下应用商品价值一词，都必须以明确或隐含的方式关涉某一地点和时间，情况正好像我们用商品价格一词时一样。大家都很清楚，同一种商品，纵令品质、重量和尺寸都相同，如果所在的时间或所在的地点不同，其价格就可能相差很大；谈到商品价值时，情况必然也是一样。因此，根据事物的性质说来，商品的价值就不能脱离时间和地点来表示或衡量。正是这一性质，才使商品的价值和它的长度或重量有根本的区别。但这一点并不一定使价值无法衡量。

然而，甚至在亚当•斯密的书发表以后，政治经济学家之中的确仍然极为普遍地流行着一种见解，认为价值本身的性质既然跟长度或重量这样根本不同，就无法做正规和确定的衡量。[①] 我认为，这种看法主要是由两种原因造成的。

第一，财富与价值的定义很少做出适当的区别。虽然这两个名词的意义没有始终被看成是相同的，但人们却不断地把其中一种的特性和另一种的特性混淆起来。甚至连亚当•斯密本人也出现过这种情况。他说一个人的贫富程度取决于他所能支配的生活必需品、享用品和奢侈品的量，这时他对于财富便提供了一个最正确的定义。但后来他又说一个人的贫富取决于他所能支配的劳动量，这时他显然把财富和价值混同起来了。前者是对财富的定义。关于财富，是没有尺度可言的。十分接近于财富的一般购买力也是没有尺度可言的。后一说法是他自己对于实际价值的定义或表示法。他所用的那些字眼说明有一种尺度存在。这种尺度已经在这些字眼里明确地表现出来了。

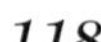

劳动不能当成“唯一最后的真实标准来衡量并比较一切时间与地点的一切商品价值”（亚当•斯密语）[②]，这一问题的第二种

① 我承认我个人已往有一段很长的时期也持这种看法。但我现在完全相信我自己错了，亚当•斯密对于价值的主要观点是完全正确的，只是没有始终严格遵守。同时我也相信，每当我们提到价值或交换价值一词而没有提出具体的比照对象时，如果始终是指与劳动（主要生产手段和财富中任意一种物品的主要交换对象）相交换的价值，情形正好像提到商品价格而没有提到具体的比照对象时，始终是指货币（普遍的交换媒介和相对价值的实际尺度）价格一样；那么政治经济学的用语，就可以得到一个很大的改进。此外我还相信，这里所采取的价值观点大大有助于说明需求的性质以及表示和衡量需求的手段。正确的价值观点对于地租、利润和工资的正确解释说来，是绝对必需的。当我考虑这一问题愈久时，这些信念在我心中的力量就愈来愈大。如果读者匆匆地考虑这一问题，认为说这样许多话是失之过长，那么我的解释就是这些信念驱使我这样做。

② 《国富论》，第1编，第5章。

主要原因是，在不同的时期和不同的国家中，情况并不真正像亚当·斯密所说的那样，劳动者进行工作时，“放弃了等量的安逸、自由和快乐”[①]。我们大有理由相信，印度和其他许多国家的劳动者在工作时，并不像英国劳动者那样费力气，一天的工时也没有那样多。因此，一天的劳动，不论就强度和时间而言，都不是不变的。但根据前面所说的理由看来，我仍然认为，由于每一个时间与地点的劳动可以衡量该时间与地点的商品所获的估价，以及它的相对于需求而言的供应状况、原始生产成本、自然和必要的供应条件、产品对生产者的比例等，我们就必须认为劳动相当正确地衡量了这些时间与地点的商品价值；因而也就答复了这样的问题——英格兰爱德华三世时期的某种阔幅黑呢的价值如何？或者说，现在中国的货币价值如何？至于这种尺度的性质，以及劳动强度和工时的差别为什么没有使它不能起这种作用的理由，在下述的比较中也许可以看清楚：——

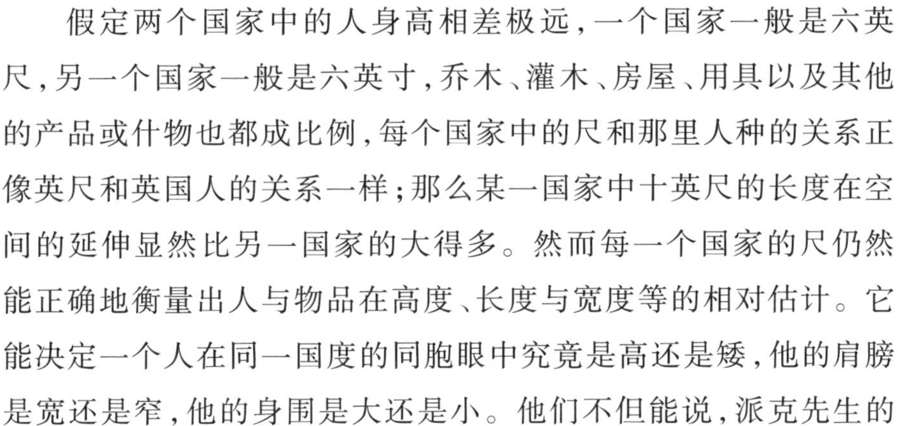

假定两个国家中的人身高相差极远，一个国家一般是六英尺，另一个国家一般是六英寸，乔木、灌木、房屋、用具以及其他的产品或什物也都成比例，每个国家中的尺和那里人种的关系正像英尺和英国人的关系一样；那么某一国家中十英尺的长度在空间的延伸显然比另一国家的大得多。然而每一个国家的尺仍然能正确地衡量出人与物品在高度、长度与宽度等的相对估计。它能决定一个人在同一国度的同胞眼中究竟是高还是矮，他的肩膀是宽还是窄，他的身围是大还是小。他们不但能说，派克先生的

① 《国富论》，第1编，第5章。

鼻子比丘布先生的鼻子长，而且根据该国的习用语言说来，能确定派克先生的鼻子在绝对意义上是不是长鼻子，虽然这位先生的鼻子的长度也许还不足四分之一英寸。从另一方面说来，如果不谈这两个国家中的尺度，始终只谈英尺，那么我们虽然可以确定所有那些被我们的尺度衡量的人所占的相对空间有多大，却会完全破坏他们自己和本国的同胞对于本身长度的估计；许多以前被认为很高的人，现在一定被认为很矮。我们必须承认，商品的价值随着时间与地点而变，同时又要取决于人们的需求和幻变不定的喜好以及满足这些需求与喜好的手段，因此就更像这些身材高矮与肩膀宽窄的衡量，而不像可以用不随时间与空间变化的尺度确定的空间部分。

我们提到中国的白银价值时，就不可能是指把一盎司中国白银带到伦敦后的价值；这一盎司白银成色如果很纯的话，带到伦敦后就会刚好和伦敦一盎司纯银从远古以来的价值相等。我们的正确意义只可能是指这一盎司白银在中国所得到的估价；这种估价在当时是由相对于需求的供应状况决定的，在一般情形下则是由生产所需的中国劳动与利润量所决定的。如果我们所说的中国白银一盎司的价值就是这样，那么毫无疑问，中国劳动就能加以衡量，而且也只有中国劳动才能衡量。纵使我们所指的是一盎司白银逐个地与中国一切商品相比较时的关系，也仍然必须把白银和中国劳动相比较，否则对于这种比较的结果实际上就无法形成一个接近正确的概念。

人们也许会承认，如果一天的劳动所支付的体力始终相同，那么把劳动作为一切国家和时期中的价值尺度就更加圆满了。

少数国家互相比较时，情形大概和这种假定相去不远。同一国家在不同时期中就更加经常出现这种情形。爱德华三世时代的英国农业劳工，虽然技术可能较差，但我认为每天的工时数以及劳动强度都和现在大致相同。在同一个国家中和这些条件下，农业劳动似乎可以经得起任何吹求，一世纪接着一世纪地作为价值尺度。我们即使承认不同时期和不同国家中的劳动者所放弃的安逸、自由和快乐并不永远相等，但劳动作为价值尺度的性质却基本上没有受损害。在我看来，有一点始终是正确的，即不同国家和不同时期的商品在各国家和时期中所能支配的农业劳动如果相等，就可以正确地说是具有相同的估价，并可以说是具有相等的价值。

现在我们可以进一步谈一谈政治经济学家常用的最重要的名词的定义，尤其是争论最多的名词的定义。每当我认为必须背离根据一般意义应用名词这一普遍规则时，或是要在两种各有一些权威意见支持的含义中抉择一种时，我总是选择自己认为在解释国富的影响因素方面更为实用的一种。[①]

读者从我处理这一问题的方式中以及我所进行的讨论中可以看出，我认为政治经济学家不能更普遍地取得一致意见的主要障碍是大家对于哪些类不同的对象须要用适当的名称区分的问题见解各不相同，而不是对于这些品类究竟应当得到什么名称的

① 正是由于这一理由，我才认为财富一词的意义应当限于物质对象；生产性劳动应当只限于指可以直接生产财富的劳动；价值或交换价值在没有提出具体比照对象时，应当是指与生产手段相交换的价值，其中唯有主要的生产手段——劳动才能代表。

问题有了分歧意见。有一个意见已经得到了相当普遍的和极为恰当的一致看法，即长久以来所习用的主要名称应予保留。要更改这些名称的确是难乎其难的，在目前情形下进行任何改变也不能消除真正的困难。培根有一句话最为正确："如果说，凡属概念不能适当调和的地方都缺乏名词来代替，那便不过是掩饰无知的一种口实而已。"如果有人认为每一类满足，不论是从非物质或物质对象上取得的，还是从精神安慰或舒适的衣服上取得的，都应当用同一个适当的名称来称呼；而另外一些人则认为加以区别是极为有用和重要的；那么这些不同的概念就显然不能用新名词来加以调和。所要求的大前提是，概念必须适当地加以调和。在这一点没有办到之前，改换名词是完全没有用处的。因此，一般说来老名词应予保留，但最大的实际问题是：这些老名词究竟应当包括哪些意义和不包括哪些意义？

第十章　政治经济学的定义

财　富

1. 需要一部分人类劳作来取得或生产的必需、有用或令人喜爱的物质对象。

效　用

2. 对人类有用或有益的品质。一般认为，一个对象的效用跟这种用处与益处的必要性和真正重要性成比例。

一切的财富都必须是有用的，但一切有用的东西并不必然是财富。

价　值

3. 意义有二——使用价值与交换价值。

使用价值

4. 与效用同义。在政治经济学中很少见。价值一词单用时绝不是指这种意义。

价值或交换价值

5. 一种对象和另一种或几种对象由于各自所得到的估价而互相交换时的关系。未具体指出另一种对象时，一种商品的价值所指的自然是决定这种估价的原因和衡量这种估价的对象。

价值与财富的分别是它不限于物质对象，并更多地取决于稀少性和生产的困难。

生　产

6. 产生构成财富的对象的过程。

产　品

7. 生产所产生的部分财富。

财富的来源

8. 土地、劳动与资本。其中土地与劳动是两种原始的来源。但劳动从资本方面所得到的帮助从很早时期起就开始应用，而且在财富生产中也是十分必要的，所以可以认为是第三种来源。

土 地

9. 地球可居住地区的土壤、矿藏、水面和渔场。它是原料和食物的主要来源。

劳 动

10. 为了取得报酬的人类劳作。这一名词如指其他劳作，必须特别说明。

生产性劳动

11. 直接用于财富生产，以致可以用所取得的产品价值或产品量估计的劳动。

非生产性劳动

12. 一切不直接生产财富的劳动。政治经济学家应用生产性与非生产性两词时永远只限于一种严格限制的和专门的意义，完全只用来说明直接生产财富或不生产财富的情况。

工　作

13. 人类运用官能与体力以完成某种有用目的的状况。一般语言或政治经济学家对工作与劳动都没有十分明确的划分。但工作一词和劳动一词比起来一般指管理的意义较多，指体力劳作的意义较少。

资　财

14. 消费者留归自己消费以及保留或用来营利的积累财富。

资　本

15. 国家资财中保留来或用来在财富的生产和分配中营利的部分。

固定资本

16. 用以营利并且在所有者持有时期中又能提供这种利润的资财。

流动资本

17. 用以营利而且只有在付出后才能提供这种利润的那部分资财。

收　入

18. 所有者每年消费而不损及固定资源的那部分资财或财富，其中包括土地地租、劳动工资和资本利润。

资本累积

19. 将一部分收入用作资本的过程。因此资本可能在资财或财富没有增加时增加。

积　蓄

20. 在现代，积蓄一词指的是资本累积，因为现在很少有人把钱锁在箱子里了。

土地地租

21. 土地产品在支付一切耕种费用后留归地主的那一部分，耕种费用中包括所用资本的普通利润。

土地的货币地租

22. 上述平均地租按货币计算的结果。

土地总剩余

23. 土地产品未被耕种者实际消费的部分。

劳动工资

24. 付与劳动者的劳作报酬。

名义工资

25. 劳动者按本国通货计算所获的工资。

实际工资

26. 劳动者得到的工资所能支配的生活必需品、享用品和奢侈品。

工资率

27. 根据雇用地点的风俗，按日、按星期、按月或按年付给劳动者的普通工资。在一般情形下都是按货币计算的。

劳动价格

28. 一般理解的意义是普通日工的平均货币价格，所以它和工资率的区别只是更加专门指货币这一点。

工资量

29. 劳动者在一定时期中的全部收益，可能比平均工资率或普通日工价格多很多或少很多。

有效劳动价格

30. 具有一定强度和一定性质的一定量人类劳作的货币价格，和日工普通价格或某一时期中劳动者的全部货币收入可能有很大差别。

积累劳动

31. 用于生产其他商品的原料和工具中所包含的劳动。

资财的利润

32. 资财用作财富生产或分配的资本时，其利润是垫支资本的价值和商品出售或使用后所得价值之间的差额。

利润率

33. 任何资本的利润价值与该资本价值所成的百分比。

货币利息

34. 因运用资本而任劳并担风险后所得到的纯货币利润。

工作、技术和经营的利润

35. 不受垄断影响的资本除去纯利润或货币利息后所剩余的总利润。

垄断利润

36. 竞争不自由的地方使用资本所得到的利润。

商品供应条件

37. 商品生产所需的积累劳动与直接劳动量的垫支。全部垫支项目在其使用期间的利润百分比须等于普通利润率。如果由于任何一种垄断或税收而产生其他必要供应条件，必须予以补充。

原始生产成本

38. 意义完全与供应条件相等。

供应条件或原始生产成本的尺度

39. 商品在其自然与普通状况下所能交换的劳动量。

任何时间与地点的商品的价值、市场价值或实际价值

40. 在该时间与地点的商品所得的估价，在每一种情形下这种估价都是由相对于需求的供应状况决定的，在一般情形下则是由规定这种供应状况的原始生产成本决定的。

任何时间与地点的商品的自然价值

41. 商品处于自然或一般状况下由原始生产成本或供应条件决定的估价。

任何时间或地点的商品的实际价值和市场价值的尺度

42. 商品在该时间与地点所能支配或交换的劳动量。

任何时间与地点的商品的自然价值的尺度

43. 商品在该时间与地点处于自然正常状态下时所能交换的劳动量。

任何时间与地点的商品价格、实际价格或市场价格

44. 商品在该时间与地点所能交换的货币量，货币指的是贵金属。

任何时间与地点的商品的自然价格

45. 可以支付商品原始生产成本或货币供应条件的货币价格。

商品供应

46. 已提供或随时可提供出售的商品量。

商品需求

47. 有两种不同的意义。一种是指其广度，即被购买的商品量；另一种是强度，即需求者为了满足自己需求所能和所愿做出的舍让。

需求的广度

48. 被购买的商品量一般随供应的增减而增减。当商品以低于生产成本的价格出售时往往最大。

需求的强度

49. 需求者为了满足自己的需求所能和所愿做出的舍让。唯有这种需求与供应相比较时才能决定价值与价格。

有效需求的广度

50. 能够和愿意支付生产成本的人所需要的商品量。

有效需求的强度

51. 需求者为了使商品能继续供应所必须做出的舍让。

有效需求强度的尺度

52. 商品在自然和一般状况下所交换的劳动量。

需求超过供应的状况

53. 由于供应减少或有效需求增加，而使市场商品量不足以供应一切有效需求者时，商品需求就被称为超过供应。在这种情况下，需求的强度增加，商品将随着需求者的竞争以及他们为了满足自己需求所能和所愿做出的舍让而涨价。

供应超过需求的状况或局部过剩

54. 由于供应过多或需求减少，而使市场商品量超过能够而且愿意支付原始生产成本的人的需求量时，商品的供应就被称为超过需求，或发生了局部过剩。这时商品价格低于生产成本的程度与出售者销售的急切程度成比例，过剩程度的大小也随之而决定。

普遍过剩

55. 由于供应过多或需求减少，而使相当大量的大宗商品跌落到原始生产成本以下时，过剩就被称为普遍过剩。

给定需求

56. 就价格而言，给定需求是打算用来在市场上购买某种商品的给定量货币。就价值而言，给定需求是对打算用于同一用途的给定量劳动的支配力。

价值和价格的变化

57. 价值和价格与需求成正比变化，与供应成反比变化。需求量已知时，价值和价格与供应成反比变化；供应已知时，则与需求成正比变化。

消　费

58. 财富的任何部分的全部或一部分被消耗的状况。

生产性消费

59. 资本家为了将来的生产而消费或应用财富的过程。

非生产性消费或花费

60. 为了达到一切生产的最后目标，即维持生活和进行享受，而将财富用作收入的消费，但不是为了营利的消费。

第十一章　关于定义的评述

定义一　读者可以看出，几乎在所有定义中，同一种意义都可以用不同的说法表达。我们主要讨论的目标应当是意义而不是表达的方式。关于财富的定义，主要的问题是应不应当限于物质对象。读者已经看到我为什么认为应当的理由。正如我在前面所说的［见本书（原书）第41页］，甚至连承认有"非物质产品"的萨伊先生也承认，非物质产品的增殖"对于财富的增加不起任何作用"。斯托克先生在他那一本精湛的《政治经济学教程》（*Cours d'Economie Politique*）一书中，从文明和财富的间接生产说来，正确地强调了他所谓的内在福利的作用，但却把财富一词限于指外在的福利或物质对象。他在那本书的第一部（也是远大于其他部分的一部）中，就是根据这种意义来讨论关于国富的理论的。总而言之，我毫不怀疑，这一类的分类，或用某种方式将物质对象和非物质对象分开，对财富的定义说来是极为有用的。

本定义的后一部分重要性很小。目的是排除空气、光线和雨水等物质对象。这些物质对于人类说来不论怎么样必要和有用，都很少被认为是财富。在财富的定义中加入交换价值一词来排除这些物质，也许比这里所采取的方式更令人反感。如果不加上后面这一句话，唯一的结果便是：将不同的国家做比较时，空气、光线等对象将被当作共同量而略去不计。

定义二 萨伊先生应用效用一词的方式在前面已经谈到了。他说：物品的价格是它效用的尺度，该物品纵使根据他自己的说法来讲是最无用的东西，也应当根据效用衡量。[①] 这种说法不能说是前后一致的。对于政治经济学说来，这一名词最好还是保持它自然和普通的意义。所有的财富无疑都是有用的，但许多非物质对象和某些物质对象都非常有用，却又不是财富，以致完全没有理由把它们混同起来。斯托克先生也没有能免除这种错误。

定义五 两物品相交换时，没有一种不是比照人类需求与生产手段而事先形成价值估计的。有人认为提到商品价值而不特别比照另一种商品时，就不包含任何关系。这些人似乎完全忘了商品对生产手段以及代表生产手段的劳动具有这种最重要的普遍关系。

萨伊先生在“物品的价值”这一题目下指出：“这是通过交换所能取得的其他有价值的物品。”[②] 这定义非常模糊和不肯定，比一般购买力更不能令人满意得多。

斯托克先生说：“物品的价值是彼此相对的效用。”但我们如果不完全改变效用或价值的一般和自然的意义，这句话就绝对说不通。

萨伊先生和斯托克先生都没有充分地把效用、财富和价值区别开来。

---

① 《政治经济学论文集》第4版，第2卷，第506页。

② 同上书，第2卷，第507页。

定义六　产生一词在这里的用法不是指物质的产生，而是指被界说为财富的对象的产生和生产。

定义十一和十二　如果财富限于物质对象，那我们就必须承认，在解释国富的影响因素时，对于直接生产财富的那一种劳动赋予一个适当的名词便是特别方便而有用的。政治经济学的主要奠基人已经把生产性劳动限于用在这一特殊目的所必需的意义下，因此，这种做法要是没有不管其他劳动怎样有用和重要，都一体归之于显然不好听的非生产性这一名称之下去的话，那就不会有人反对了。这无疑是一个令人遗憾的结果。然而我们一再说过，像亚当·斯密那样应用非生产性一词，绝没有损及这种劳动的效用与重要性，而只是说它不能直接生产总财富。从经验中看来，这种分类既然很难圆满地以其他分类代替，所以单纯的名称问题就不应成为反对这种分类的理由。

我认为，斯托克先生在《国富性质的研究》一书中对于亚当·斯密所说的生产性劳动并没有给予正确的看法。[①] 上面所提到的分类的困难，在这一书中是十分显著的。他的体系看来是有一些道理的，而且解释也富于创造性和才气，但我认为，采用这一体系就会将政治经济学的精确性破坏无遗了。

定义十九与二十　如果我们把所有的劳动一体称为生产性的，那我就不能理解积蓄与花费的区别怎样能解释清楚，也不知道资本累积怎样能解释清楚了。

定义二十三　为城镇与城市居民提供生活资料的来源正是

① 见《国富性质的研究》(*Considérations sur la Nature du Revenu National*)，第4章，第83页。

这种土地的总剩余。除开在这方面起强大作用的地租以外，在土地产品的划分中归于农户与劳动者的份额里有一大部分被他们用来交换其他享用品与满足个人欲望的物品。因此就使许多与土地没有直接关系的人获得了主要生活必需品。这些人对耕种者的比例取决于土壤的自然肥力和改进这种肥力并继续使用的技术。

定义二十八与三十　爱德华·威斯特爵士有一部极有价值的书，名为《谷物价格与劳动工资》(*Price of Corn, and Wages of Labour*)。我刚刚有机会看到了这本书。他提出劳动价格应当指的是对于一定性质的一定量劳动所付与的金额。他认为用一个适当的名称来表达这种意义是极为有用的。我完全同意他的看法。但由于劳动价格已往肯定没有在这种意义下应用过；同时对于这种意义下的劳动价格的问题，几乎在所有情形下都很难给予一个答复，所以最好是在某种程度内把表达法变更一下，使人们准备好接受一种新意义。因此我便在定义三十中将这种意义赋予有效劳动价格一词。

定义三十一　如果在谈到商品中所包含的劳动时，把生产所需的资本中包含的劳动称为积蓄劳动，以示有别于最后制作制成品的资本家所雇用的直接劳动，那就可以节省时间和避免绕弯子，这正是适当的名词的一大目标。但我们必须始终记住，劳动不是资本中所包含的唯一要素。

定义三十八　我应用原始一词以便表明所指的不是货币成本。单独运用生产成本一词时，在这方面就可能发生怀疑。同时，一般利润是否经常包括在内也不肯定；因此，我便坚决认为，对于同一意义说来，供应条件一词更加富于表现力，而且也更肯定。但我认为一般说来，这一名词一般并没有得到很好的了解。因此，我便在生产成本一词之前加上了原始等字样，并将利润包括在内，以便和供应条件具有完全相同的意义。我曾经认为，最好不要把利润包括在生产成本之内；但亚当·斯密已经把利润包括进去了，尤其是，生产所需的资本中所包括的利润，不论成本一词如何解释，都必然成为垫支项目或成本的一部分，因此，整个看来，我便认为最好是把必要利润包括在原始生产成本之内。这种利润显然是包括在必要供应条件之内的。

定义三十九与四十　谈到把商品所能交换的劳动量作为其供应条件或价值的尺度时，我们始终要了解到，各种被用来生产这种商品的不同劳动必须化为最低等的一种劳动，也就是全年平均计算的普通农业日工。把劳动作为尺度时，所指的始终是这类劳动。

定义五十七　萨伊先生说，价格与需求量成正比上涨，与供应量正反比变化。[①] 这话是不正确的。只有当需求的意义是指需求者为了满足自己的需要所能和所愿做出的舍让时，价格才会按这种方式变化。对于价格说来，这种需求可以用市场上准备进行购买的货币量来代表。当我们谈到劳动需求时，所指的只可能是广度。更大的需求只能意味着支配更大量劳动的能力。

定义五十九　生产性消费一词，就其正确意义说来，指的只是资本家为了再生产而消费或消耗的财富。这是生产性与非生产性消费之间所能画出的唯一明确界线。资本家雇用的工人显

① 见《政治经济学论文集》第4版，第2卷，第17页。

然消费了作为收入的工资中不事积蓄而用来维持生活和享受的一部分，这一部分不是为生产用的资本。他对雇用者和国家而言是生产性的消费者；但严格地说来，对自己并不是生产性的消费者。消费是一切生产的主要目的和目标。将财富作为收入消费，以便维持生活和享受，甚至比把财富作为资本消费更加必要和有意义，但两者的效果对于财富的直接生产说来是完全不同的，因此应当加以区别。

我绝不是说，前面向读者所提出的各种定义在范围和正确性方面已经完美了。就范围方面来说，我有意识地使它们受到了限制。至于正确性方面，我对这一问题的困难认识得非常清楚，所以绝不至于认为这些定义已经包括了我所要包括的一切，并排除了我所要排除的一切。我的确有一种根深蒂固的看法，认为在伦理、政治和政治经济学中，已运用的主要名词都不容变更，所以要完全达到这一目标是不可能的；然而如果能进一步接近这一目标，则始终是有益处的。我要不是认为这些定义整个说来比较不易使人产生异议，并且在解释国富的影响因素方面比我所见到的其他定义更有用，那么我把它们提供给大家便的确是没有道理了。我已经看到，对于这些定义说来有许多例外情形存在，而我没有看到的例外大概比这更多。但我知道，要消除这些例外情形就会破坏有用的分类；因此我便认为，少数不重要的个别情形不能成为真正的反对理由。

我们知道，亚当•斯密很少提出正式的定义。但他的名词用法可以从前后文中看出来，我在相当大的程度内也是遵循这一办法的。这些定义中有些是从萨伊先生那里取得的，另一些则是我自己拟定的。但整个说来,我始终力图遵循本文开始时所定下的有关名词界说与用法的规则。如果我所做的一切,能抛砖引玉,使得人们注意到这一个问题,提出更正确和更有用的这一类名词与定义,能使人信服而普遍采用,那么我便认为我的目标完全实现了。

图书在版编目(CIP)数据

政治经济学定义/(英)马尔萨斯著;何新译. —北京:商务印书馆,2024
(汉译世界学术名著丛书:120年纪念版:珍藏本:增订本)
ISBN 978-7-100-23832-8

Ⅰ.①政… Ⅱ.①马…②何… Ⅲ.①政治经济学 Ⅳ.①F0

中国国家版本馆 CIP 数据核字(2024)第 080188 号

汉译世界学术名著丛书
(120 年纪念版・珍藏本・增订本)
政治经济学定义
〔英〕马尔萨斯 著
何新 译

商 务 印 书 馆 出 版
(北京王府井大街 36 号 邮政编码 100710)
商 务 印 书 馆 发 行
北京新华印刷有限公司印刷
ISBN 978-7-100-23832-8

2024 年 5 月第 1 版　开本 710×1000 1/16
2024 年 5 月北京第 1 次印刷　印张 9½
定价:50.00 元